30개
도시로 읽는
세계사

세계 문명을
단숨에 독파하는 역사 이야기

1 DAY

1 CITY

30개
도시로 읽는
세계사

조 지무쇼 편저 | 진노 마사후미 감수 | 최미숙 옮김

30 DAYS

30 CITIES

다산
초당

현대 한국과 일본의 교육 방식은 메이지유신 시기에 유럽에서 들여
온 체제를 따르고 있습니다. 모든 분야의 교과를 기초부터 배우고
점차 응용 단계로 나아가는 식이지요.

세계사 공부를 예로 들면, 우선 선사시대부터 시작해서 현대에
이르는 역사를 일률적으로 암기하게 만듭니다. 내가 사는 나라와는
관련 없어 보이는 아프리카나 라틴아메리카를 포함해 세계의 모든
지역, 모든 시대의 역사를 외워야 하지요. 이 과정에서 학습자는 도
대체 이것이 나에게 어떤 의미를 지니는지, 어떤 도움이 되는지 전
혀 이해하지 못합니다. 역사적 의미와 맥락을 모른 채 단순히 암기
만 하는 길고 지루한 작업을 반복하는 것이지요. 그러다 보니 까마
득한 옛 역사를 무작정 외우는 공부에 무슨 의미가 있는지 회의를
느끼게 되고, 결과적으로 학습 의욕이 사라져 공부를 포기하게 됩니
다. 이것이 바로 많은 사람들이 역사를 싫어하는 이유가 되기도 합
니다.

우리는 이러한 일방적인 교육 방식을 피하고, 각자 살아가는 데
꼭 필요한 지식과 그것을 이해하기 위해 알아야 할 지식을 전달하는

데 집중했습니다. 이것을 왜 배워야 하는지, 여기에 무슨 의미가 있는지 명확히 알고 공부하면, 자연스레 공부에 의욕을 느끼고 즐겁게 학습할 수 있습니다. 물론 학습 능력도 높아지지요.

앞서 언급한 세계사 공부를 예로 들면, '현대 사회는 어떻게 내가 살고 있는 지금과 같은 사회가 되었을까?', '다음에 여행할 도시는 어떤 역사를 거쳐 현재에 이르렀을까?' 등 흥미 있는 주제부터 시작해 관심사를 넓혀가며 공부하는 방법입니다. 흥미 있는 주제로 공부하면 학습 의욕은 쉽게 떨어지지 않습니다.

『30개 도시로 읽는 세계사』는 '세계 주요 도시의 역사'라는 익숙하고 흥미로운 출발점에서 세계사 공부를 시작해보려고 합니다. 기원전부터 20세기에 이르기까지 방대한 세계사를 총 30개 도시의 역사를 통해 단순하고 명쾌하게 풀어냅니다. 세계사는 도시 문명을 중심으로 형성되어 왔기 때문에, 세계 주요 도시들이 어떤 과정을 거쳐 지금 모습에 이르렀는지 살펴보는 것은 세계사의 전체 맥락을 이해하기 위한 가장 효율적인 방법입니다. 세계사의 큰 축을 담당하는 도시들을 비롯해, 잘 알려지진 않았지만 세계사를 이해하는 데 빼놓을 수 없는 도시들까지 폭넓게 다루었고, 각 도시의 전문가들이 꼭 알아야 할 핵심 지식을 엄선하고 감수했습니다.

이 책은 첫 장부터 순서대로 읽을 필요가 없습니다.

"이름은 익히 들어 알고 있는 그 도시는 어떤 역사를 거쳐 지금에 이르렀을까?"

"이미 다녀온 도시, 또는 다음에 방문할 도시에는 어떤 역사가 새겨져 있을까?"

"그 유명한 문화유산은 왜, 어떻게 건설되었을까?"

각자 흥미를 끄는 부분부터 시작해서 '암기'하는 것이 아니라 '체감'하는 방식으로 역사의 재미를 느껴봅시다. 하루 한 도시 역사 여행을 마쳐나가다 보면, 도시의 역사적 배경을 훑었다는 성취감과 함께 어느새 세계사의 기본 지식에 정통한 사람이 되어 있을 것입니다. 더불어 책을 읽으며, 한 번도 간 적 없는 낯선 이국 도시의 역사에 대해 상상의 나래를 펼쳐보는 색다른 즐거움도 느낄 수 있을 것입니다. 훗날 언젠가 그 도시를 방문하게 된다면, 아무것도 몰랐을 때 보는 풍경과는 전혀 다른 인상과 감동을 받으며 경탄할지도 모릅

니다. 때로는 단순한 '흔적'으로 스쳐 지나갔을 수도 있는 건물의 상흔 하나를 보고, 그 흔적의 역사적 배경이 머릿속에 떠오르며 이전과는 전혀 다른 느낌을 받을 수도 있을 것입니다. 공부를 한다는 건 어쩌면 이런 재미를 찾아가는 과정이 아닐까요?

자, 이제 『30개 도시로 읽는 세계사』와 함께 세계사 여행을 떠나 봅시다!

CONTENTS

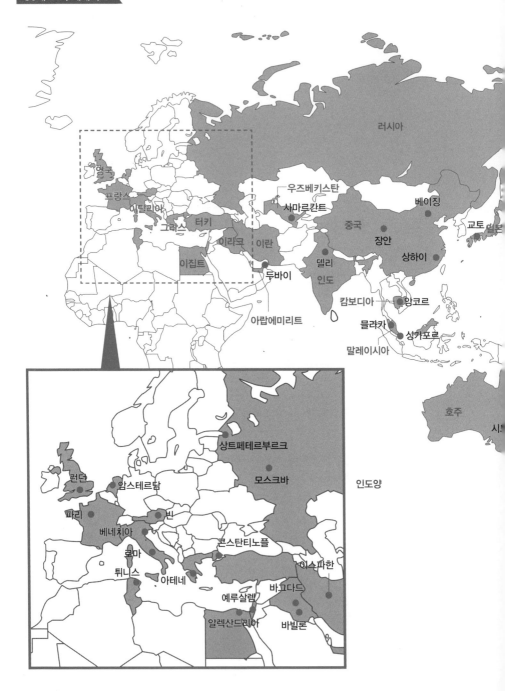

러시아

영국

프랑스

이탈리아

그리스   터키

이라크   이란

이집트

두바이

우즈베키스탄

사마르칸트

중국

베이징

교토

장안

상하이

델리

인도

칶보디아   앙코르

물라카   싱가포르

말레이시아

아랍에미리트

호주

시

상트페테르부르크

모스크바

인도양

런던

암스테르담

파리

빈

베네치아

콘스탄티노플

로마

이스파한

튀니스   아테네

바그다드

예루살렘

알렉산드리아   바빌론

북극해

미국

미국

뉴욕

대서양

멕시코

테오티우아칸

태평양

브라질

리우데자네이루

남극해

▦는 이 책에 등장하는 도시가 속한 국가이다.

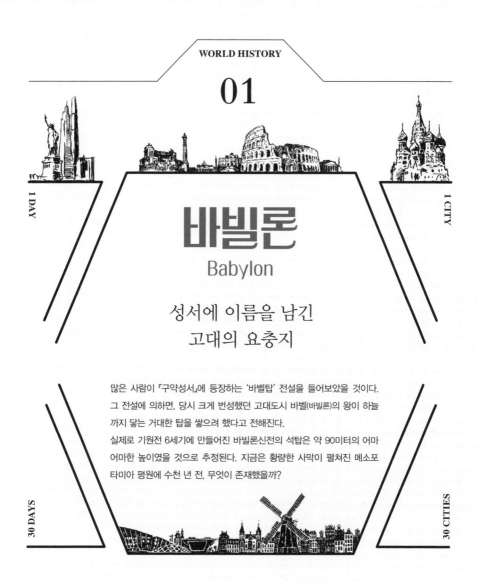

01

바빌론
Babylon

성서에 이름을 남긴
고대의 요충지

많은 사람이 『구약성서』에 등장하는 '바벨탑' 전설을 들어보았을 것이다.
그 전설에 의하면, 당시 크게 번성했던 고대도시 바벨(바빌론)의 왕이 하늘
까지 닿는 거대한 탑을 쌓으려 했다고 전해진다.
실제로 기원전 6세기에 만들어진 바빌론신전의 석탑은 약 90미터의 어마
어마한 높이였을 것으로 추정된다. 지금은 황량한 사막이 펼쳐진 메소포
타미아 평원에 수천 년 전, 무엇이 존재했을까?

현재 국가	이라크공화국
인 구	도시 현존하지 않음

거대한 강에 둘러싸인 웅장한 도시

구글 지도 등을 통해 이라크의 항공사진을 보면 국토 대부분이 사막 지대인데, 티그리스강과 유프라테스강 사이에 군데군데 녹지가 있는 것을 볼 수 있다. 거대한 두 강 사이에 위치한 이 일대가 바로 고대문명의 발상지로 알려진 메소포타미아 평원이다.

메소포타미아 평원은 강물을 따라 실려 온 흙모래로 만들어진 충적평야다. 기원전 5000년경부터 이곳에 사람들이 모여 살며 보리와 밀을 재배하고 가축을 길렀다. 기원전 3000년경에는 수메르인이 정착하여 우르, 키시, 라가시 등의 도시국가를 건설했다.

이후 메소포타미아 지역의 주역은 시리아사막에서 침입해온 아무루인으로 교체되었다. 아무루인은 기원전 1900년경 바빌론을 중심으로 바빌론 1왕조(고대 바빌로니아왕국)를 세웠다.

'바빌론'은 그리스어로 쓰인 역사서에 등장하는 이름이다. 히브리어로 쓰인 『구약성서』에서는 '바벨', 고대 메소포타미아 일대에서 사용된 아카드어로는 '바빌루'로 불렸는데, 이 단어들은 '신들의 문'을 의미했다고 한다. 메소포타미아 지역의 도시국가는 저마다 토착신을 숭배했고, 바빌론에서는 창조신인 마르두크를 섬겼다.

기원전 18세기, 바빌론 1왕조 함무라비왕 시대에 왕국은 메소포타미아 지역 대부분을 통일하고 최전성기를 맞이했다. 함무라비왕은 농업용수와 생활용수를 얻기 위한 치수·관개공사에 각별히 공을 들였다. 당시의 수로에는 토사가 자주 쌓여서, 왕이 바빌론뿐 아니라 인근 도시 라르사에도 준설공사를 명한 기록이 남아 있다. 이렇듯 관개설비의 관리는 왕권 유지와 깊은 관련이 있었던 것으로 보인다.

함무라비왕은 282개 조항으로 이루어진 법전도 제정했다. 함무라비법전은 '눈에는 눈, 이에는 이'라는 복수법의 상징으로 유명하지만, 이런 조항뿐 아니라 재산의 임대, 상거래, 왕실재산의 관리, 노동자의 대우, 친족 관계 등 일상생활과 관련된 구체적인 내용도 많다. 이를 보아 바빌론에서는 상당히 체계적인 사회가 형성되었음을 짐작할 수 있다.

당시 메소포타미아에는 이미 서쪽 지중해부터 동쪽 아시아 각지에 이르는 광범위한 교역망이 존재했고, 이를 통해

함무라비 법전비

인도나 페르시아산 보석류, 동남아시아산 향신료 등이 유통되었다.

기원전 16세기에 철제 무기를 다루는 히타이트인이 북서쪽에서 침략하여 바빌론 1왕조를 무너뜨렸다. 이후 동방에서 침입한 카시트인 등 여러 세력이 흥망성쇠를 되풀이했고, 기원전 8세기에 히타이트의 제철기술을 흡수한 아시리아인이 메소포타미아에서부터 이집트에 걸친 대제국을 건설했다.

기원전 7세기경, 바빌론 주변에 세력을 형성한 칼데아인은 아시리아제국에 저항했지만, 아시리아의 센나케리브왕은 바빌론을 파괴했다. 하지만 아시리아제국도 각지에서 반란이 잇따르며 점차 쇠퇴의 길로 들어섰다. 마침내 칼데아인은 바빌론을 재건하고 기원전 625년에 신바빌로니아왕국을 건설하고 나보폴라사르왕이 1대왕에 올랐다.

이어 2대 왕 네부카드네자르 2세는 바빌론의 최전성기를 구축했다. 네부카드네자르 2세는 가나안(현재의 이스라엘)을 침공해 현지의 유대인을 바빌론으로 끌고 왔다. 이 사건을 '바빌론유수'라고 부른다. 이로 말미암아 유대교와 그리스도교의 성전 『구약성서』에 바빌론의 이야기가 실리게 되었다.

이중 성벽과 여덟 개의 문

당시 바빌론의 총면적은 주변지역까지 포함해서 약 10제곱킬로미

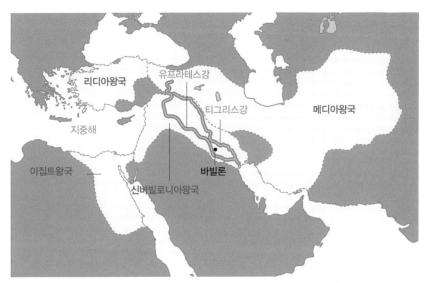

신바빌로니아왕국과 그 주변국 바빌론은 유프라테스강의 하류지역에 위치하였다.

터였지만, 사람들은 주로 5제곱킬로미터 규모의 시내에 거주했던
것으로 추정된다. 이를테면 도쿄 돔구장의 100개 정도에 해당하는
면적에 10만 명가량이 모여 살았던 것이다. 유프라테스강이 바빌론
의 도심을 관통하고 동쪽에는 티그리스강이 흘렀다. 또 북쪽으로는
약 54킬로미터, 남쪽으로는 약 50킬로미터 길이의 성벽이 바빌론을
둘러싸고 있었다. 성벽 위로 난 길은 네 마리의 말이 끄는 전투용 마
차가 달릴 수 있을 만큼 넓었고, 시내에는 이중 성벽에 여덟 개의 문
이 있었다고 전해진다. 도심을 흐르는 유프라테스강에는 총 123미
터 길이의 벽돌 다리가 놓여 있었다.

왕궁은 내벽을 세워 남북으로 나누었는데, 북쪽 왕궁은 성채를

겸했고 옥좌가 있는 남쪽 왕궁은 왕이 주관하는 재판의 장소로 이용됐다. 무엇보다 남북 왕궁의 중간에 있는 문 '이슈타르'는 웅장하고 아름다웠으며, 30미터 높이의 이중문으로 되어 있었다.

서민이 사는 주택은 대부분 단층집이었지만 3층이나 4층 집도 많았다. 대체로 점토를 햇볕에 말려 굳힌 벽돌을 이

바빌론의 구조 유프라테스강을 따라 건설한 남북 왕궁을 중심으로 도시가 형성되었다.

용해 지었고, 왕궁을 건설할 때는 유약을 발라 광택이 나는 채유 벽돌도 사용했다.

시장에서는 식품이나 도기, 은세공품 등 다양한 상품이 거래되었다. 화폐경제는 아직 보급되지 않았고 일정량의 은을 상품 가치의 기준으로 삼은 물물교환이 주류를 이루었던 듯하다. 또 부동산 거래를 기록한 점토판이 대량으로 출토된 것을 보면 당시 광범위한 경제 활동이 이루어졌음을 알 수 있다.

'바빌론 공중정원'의 불가사의

바빌론의 중심부에는 마르두크신전이 세워졌는데, 신전에 딸린 지구라트(탑)는 높이가 무려 90미터에 달하는 7층 건물이었다. 바빌로니아인은, 우주는 하늘에서 땅까지 여러 층으로 나뉘어 있으며 고층의 지구라트가 하늘과 땅을 잇는 상징물이라고 믿었다. 일각에서는 바빌론의 이 거대한 탑이 『구약성서』에 등장하는 바벨탑 전설의 모태라고 추정하기도 한다.

유명한 '바빌론의 공중정원'은 네부카드네자르 2세가 왕비 아미티스를 위해 건설했다고 전해진다. 높은 계단식 건물에 물을 끌어올리고 테라스에 나무를 가득 심어 만든 정원이었다. 이것은 이집트 쿠푸왕의 피라미드, 로도스섬의 크로이소스 거상 등과 함께 고대 그

바빌론의 공중정원　일설에 따르면 피라미드형의 계단식으로 되어 있고, 풀, 꽃, 나무를 많이 심어 놓아 마치 삼림으로 뒤덮인 작은 산과 같았다고 한다.

리스인들이 꼽은 '세계 7대 불가사의' 중 하나다.

　바빌론에는 네부카드네자르 2세의 토목건축 사업을 전하는 수많은 비문이 있다. 하지만 발굴된 많은 점토판에는 공중정원에 대한 기록이 없고, 그 존재와 관련된 뚜렷한 고고학적 증거도 아직 발견되지 않았다. 그래서 아시리아제국의 수도 니네베에 건설된 다른 정원과 혼동된 것이라는 주장도 제기되고 있다.

알렉산드로스대왕이 최후를 맞은 도시

네부카드네자르 2세가 사망한 후, 기원전 539년에 신바빌로니아왕국은 키루스 2세가 이끄는 아케메네스왕조 페르시아에 정복당한다.

　기원전 482년, 바빌로니아인이 반란을 일으켜 바빌론의 성벽과 신전 그리고 지구라트가 파괴되었지만, 바빌론은 메소포타미아의 대표적인 대도시라는 지위를 유지했다. 그리스 역사가 헤로도토스가 바빌론에 대해 '전 세계 어느 도시보다도 아름답고 장엄하다'고 평가할 정도였다.

　한편 마케도니아왕국의 알렉산드로스대왕(알렉산드로스 3세)은 기원전 330년에 동방원정을 떠나며 바빌론에 들러 지구라트의 재건을 명했다. 몇 년 후 바빌론으로 돌아왔지만 그 완성을 보지 못하고 숨을 거두었다.

　이후 티그리스강 연안의 주요 도시라는 지위는 북쪽의 셀레우키

알렉산드로스대왕

아 등으로 옮겨졌고, 수백 년이 지나는 동안 바빌론 일대는 계속 건조해지며 사막화되었다. 기원후 1세기에 로마제국의 학자 플리니우스가 저술한 『박물지』에 따르면, 바빌론의 신전은 이미 건물의 잔해들만 남아 있었다고 한다. 인적이 끊긴 바빌론은 벽돌 등 건축 자재들이 하나둘 없어지고 도시 대부분이 모래에 파묻혀 어느새 완전히 잊혔다.

그런데 『구약성서』에 실린 바벨탑 일화 때문인지, 후세에 바빌론인은 오만한 사람들이라는 이미지가 널리 퍼지게 됐다. 때로 '바빌론'이라는 단어는 '악덕과 퇴폐가 만연한 땅'의 의미로 사용되기도 한다.

19세기 이후 유럽인은 본격적으로 바빌론의 고고학 조사를 시작했다. 마침내 20세기 초 독일 조사단이 바빌론의 성벽과 지구라트의

이라크 우르의 지구라트

흔적을 발견했고, 많은 사람이 고대 바빌로니아의 뛰어난 문명에 깜짝 놀랐다. 현재 이라크 정부도 옛 바빌론 유적의 발굴과 복원을 위해 힘을 쏟고 있다.

우루크(Uruk)

인류 최초의 문자 기록을 남긴 도시

우루크는 바빌론이 건설되기 훨씬 전에 수메르인이 메소포타미아 지역에 건설한 최대 도시국가다. 『구약성서』에는 '에레크'라는 이름으로 등장하는데, 현재의 이라크 국명이 여기에서 유래했다는 설이 있다.

우루크에서는 기원전 5000년경부터 사람들이 모여 산 흔적이 있으며, 기원전 3000년경에 설형문자의 원형인 그림문자로 농작물의 수확량이나 가축 수 등을 점토판에 기록했다.

우루크인이 사용한 문자와 지명, 직업과 같은 어휘는 바빌로니아를 비롯한 메소포타미아 지역의 다양한 민족에게 전해져 2000년 이상 사용되었다.

가장 번성했던 시기 우루크의 면적은 약 2.5제곱킬로미터 정도이고, 인구는 여러 설이 있지만 2만~4만 명 정도로 추정된다. 우루크인은 하늘의 신과 여신, 아누와 이난나를 숭배했고 바빌론과 마찬가지로 신전과 지구라트를 건설했다.

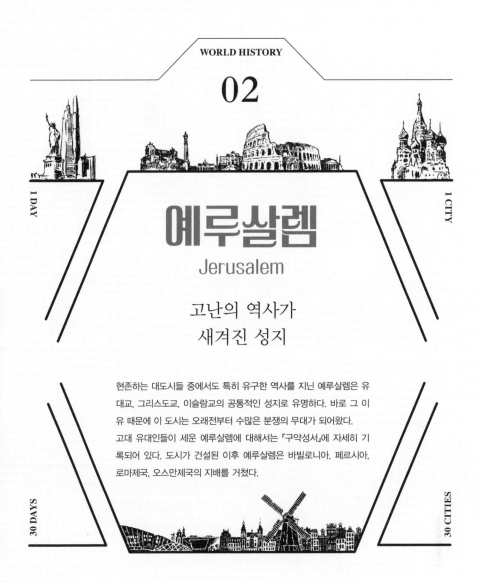

02

예루살렘

Jerusalem

고난의 역사가
새겨진 성지

현존하는 대도시들 중에서도 특히 유구한 역사를 지닌 예루살렘은 유대교, 그리스도교, 이슬람교의 공통적인 성지로 유명하다. 바로 그 이유 때문에 이 도시는 오래전부터 수많은 분쟁의 무대가 되어왔다. 고대 유대인들이 세운 예루살렘에 대해서는 『구약성서』에 자세히 기록되어 있다. 도시가 건설된 이후 예루살렘은 바빌로니아, 페르시아, 로마제국, 오스만제국의 지배를 거쳤다.

현재 국가	이스라엘
인 구	약 92만 명(2019년 기준)

기원전으로 거슬러 올라가는 분쟁의 기원

2017년, 미국의 트럼프 대통령은 이스라엘과의 우호관계를 강조하기 위해 텔아비브에 있던 미국대사관을 예루살렘으로 이전한다고 발표해서 파문을 일으켰다. 이스라엘의 헌법상 수도는 예루살렘이지만, 국제사회는 예루살렘에 대한 이스라엘의 통치권을 인정하지 않는 상황이다. 왜냐하면 이스라엘이 1967년 3차 중동전쟁에서 인접국 요르단에 속해 있던 예루살렘의 동부를 점령하여 수도로 선포했고, 국제연합은 이를 '부당한 점령'으로 간주했기 때문이다. 이것이 현재 각국 대사관이 대부분 텔아비브에 있는 이유다.

예루살렘을 둘러싼 수많은 분쟁의 기원은 기원전까지 거슬러 올라간다. 예루살렘이 있는 팔레스타인 지역은 고대에 '가나안'이라고 불렸다. 이곳은 아시아, 아프리카, 유럽 등 세 지역이 접한 요충

가나안에서 돌아온 정탐꾼을 맞이하는 모세 『구약성서』에 따르면 가나안으로 떠나라는 야훼의 명을 받은 모세와 이스라엘 백성은 12명의 정탐꾼을 보내 그곳이 살만한 땅인지 알아보았다고 한다.

지로, 지중해 연안의 다양한 민족이 한데 뒤섞여 공존하며 오래전부터 전란의 무대가 되었다. 가나안 땅에서는 기원전 7000년 전후부터 농경생활이 이루어졌고, 이후 오랫동안 이곳은 이집트왕조의 지배하에 놓였다.

기원전 13세기경, 이집트의 지배를 받던 히브리인이 가나안으로 이주해왔다. 히브리인은 타민족이 이스라엘 민족을 부를 때의 호칭이고, 그들 스스로는 유대인이라 불렀다. 유대교와 그리스도교의 성전인 『구약성서』에 따르면, 유일신 야훼가 예언자 모세에게 백성을 이끌고 가나안 땅으로 갈 것을 명했다고 한다.

『구약성서』에 기록된 성전

유대인은 여러 부족으로 갈라져 서로 다투는 한편, 지중해 연안에 사는 '바다 민족' 펠리시테인과도 싸웠다. 기원전 11세기 말에는 베냐민 지파 출신 사울이 다른 부족들의 합의와 예언자 사무엘의 인정을 받아 왕위에 오르고 이스라엘왕국을 수립했다.

사울에 이어 왕위에 오른 다윗은 돌을 던져 거인 골리앗을 쓰러뜨린 영웅이라고 전해진다. 다윗은 예루살렘에 수도를 건설하고 이스라엘왕국의 최전성기를 이끌었다.

예루살렘은 고대 히브리어로 '평화가 있는 장소'를 의미한다. 대략 북위 31도상에 위치하여 평소 건조한 사막기후지만 겨울에 눈이 내리기도 한다. 기원전 4000년경부터 군락이 생겨났지만, 이 지역은 큰 도시를 만들기에 적당한 곳은 아니었다. 해발 약 800미터의 고지대인 데다 물이 부족해 농경생활에 적합하지 않고, 동서 양쪽에 계곡이

예루살렘의 위치 예루살렘은 이스라엘왕국의 중간에 위치하면서도 어떤 유대 부족에도 속하지 않았기 때문에 수도가 된 것으로 보인다.

있지만 북쪽은 적의 침입을 막을 수 없는 지형이었다. 당시에 다윗이 건설한 도시의 위치는 현재 예루살렘의 동남부 변두리다.

이어 왕위를 이어받은 솔로몬은 기원전 10세기 중반에 예루살렘의 도심을 북쪽으로 확장하여 성벽을 쌓고, 동남쪽에 있는 모리아산에 야훼를 모시는 성전(솔로몬 성전)을 건설했다. 『구약성서』에 따르면 이 성전은 폭이 약 14미터, 내부 길이가 약 33미터, 높이가 약 15미터에 달했고, 모세가 시나이산에서 신에게 받은 십계명이 새겨진 석판을 담은 '언약궤'를 보관하고 있었다고 한다.

페르시아 지배하에서의 재건

솔로몬의 사후에 이스라엘왕국에서는 여러 부족 간의 항쟁이 재연되었다. 마침내 기원전 928년, 남부의 유다족과 베냐민족이 유다왕국으로 독립했다. 예루살렘은 유다왕국의 수도가 되었고, 이스라엘왕국은 북쪽의 사마리아를 수도로 삼았다. 분열 후 양국은 점차 이집트 등 주변 강국의 위협을 받게 되었다. 북부에 있던 이스라엘왕국은 농경지가 많아 풍요로운 편이었다. 하지만 성전이 있는 예루살렘을 잃고 나서 신앙을 통한 민족적 결속력이 느슨해졌고, 결국 기원전 721년에 아시리아제국에 의해 멸망했다.

다윗의 자손이 신권정치를 이어가던 유다왕국은 기원전 586년에 신바빌로니아왕국의 네부카드네자르 2세에게 정복당했다. 이때 성전과 도심이 파괴되고 왕족과 사제를 비롯한 많은 유대인이 바빌로니아로 끌려갔다. 1장에서도 언급했던 바빌론유수다. 그 후 아케메네스왕조 페르시아의 키루스 2세가 신바빌로니아왕국을 멸망시켰고, 기원전 538년에 바빌론에 있던 유대인의 예루살렘 귀환을 허락했다. 바빌로니아와 페르시아의 문화 및 기술을 몸에 익히고 고향으로 돌아온 유대인은 새로운 성전(스룹바벨 성전)을 건설했다.

아케메네스왕조 페르시아는 유대인의 신앙과 자치를 인정했고, 예루살렘에서는 세습 제사장을 중심으로 한 통치가 이뤄졌다. 기원전 4세기에 마케도니아왕국의 알렉산드로스대왕이 페르시아를 침공하자 유대인은 페르시아를 지지했다. 다행히 마케도니아군이 북쪽의 레바논을 통해 진군한 덕분에 예루살렘은 전화를 모면할 수 있

유대인 노예를 해방시키는 키루스 2세　키루스 2세는 특유의 관용정책으로 유대인을 해방시켜 예루살렘으로 돌아가게 하고 신성한 예루살렘 성전을 짓도록 허락했다.

었다. 알렉산드로스대왕이 죽고 그의 신하였던 프톨레마이오스가 창건한 왕조가 이집트와 가나안을 지배하면서, 예루살렘에 그리스 문화가 유입되었다.

기원전 2세기에는 강대해진 시리아의 셀레우코스왕조가 예루살 렘을 포함한 가나안 일대를 침탈했다. 셀레우코스왕조의 안티오코스 3세는 유대인의 자치를 인정했지만, 아들인 안티오코스 4세는 예루살렘의 성전에서 그리스 신 제우스를 모실 것을 강요했다. 유대인은 이에 저항하여 기원전 167년에 마카베오전쟁을 일으키고 자치권을 되찾았다.

그리스도교의 성립과 유대인의 디아스포라

로마제국은 셀레우코스왕조를 멸망시키고 기원전 65년에 예루살렘을 포함한 가나안 지방을 지배했다. 그렇지만 유대인의 신앙을 존중했고 예루살렘의 성전에 다른 민족이 출입하지 못하게 했다. 기원전 40년경 로마제국의 임명을 받아 유대인들의 왕이 된 헤롯왕은 예루살렘에 많은 건물을 지었다.

헤롯왕 시대에 건설된 성전(헤롯 성전)은 후에 로마군에 의해 파괴되어 지금은 서쪽 성벽(통곡의 벽)만 남아 있다. 같은 시대에 예루살렘 서부에 건설된, '다윗의 탑'으로 불리는 성채는 훗날 이슬람왕조 시대에도 사용되었고 현재는 박물관으로 이용되고 있다.

기원후 30년경 유대교의 개혁을 주장하는 예수가 나타났고, 그의 가르침은 유대교에서 분파하여 그리스도교라는 새로운 종교로 발전한다. 『신약성서』에 따르면 당시 예루살렘의 성전 안에는 소와 양을 사고파는 사람도 있었고 환전상도 있었다고 한다. 이러한 상황에 예수는 "신의 집에서 장사를 하다니, 이게 말이 되느냐!"라며 크게 화를 냈다고 한다. 예수는 로마제국과 유대교의 사제 양쪽으로부터 위험인물로 간주되었고, 결국 예루살렘의 골고다 언덕에서 처형당했다.

헤롯왕의 사후, 로마제국과 유대인은 자주 충돌하여 두 차례의 유대전쟁이 일어났다. 네로황제의 명령으로 로마군은 예루살렘을 침공해서 성전을 파괴했다. 135년에는 하드리아누스 황제의 명에 따라 로마군이 가나안 지방을 점령했다. 스룹바벨 성전의 자리에는 로마의 신 유피테르(주피터)를 기리는 신전이 세워졌다. 시가지가 거의 다 파괴되고 신도시 '엘리아 카피톨리나'가 건설되었다. 예루살렘에도 다른 로마의 식민도시와 마찬가지로 로마군의 승전을 기념한 개선문이 건설되었고, 공중목욕탕, 직선 도로를 교차시킨 격자 형태의 거리도 만들어졌다. 이때 추방당한 유대인은 이후 2000년 가까이 유럽과 서아시아를 비롯한 전 세계로 흩어져 떠돌게 된다.

한편 로마제국에서는 그리스도교에 대한 탄압에도 불구하고 신자가 계속 늘어났다. 마침내 313년, 콘스탄티누스 1세는 그리스도교를 공인하고 예수의 처형지로 알려진 골고다 언덕에 '성분묘교회'를 세웠다. 그리고 유대인이 일 년에 한 차례 예루살렘에서 예배하

통곡의 벽

는 것을 허락했다. 이후 과거 헤롯왕이 세운 성벽(통곡의 벽)은 유대인이 망향의 기도를 올리는 장소가 되었다.

로마제국에 앞서 그리스도교 국가가 된 아르메니아의 수도사들이 예루살렘으로 이주했고, 이후 아르메니아 교회는 로마인의 교회와는 다른 종파로서 발전했다.

로마제국이 동서로 분열된 후, 예루살렘은 동로마제국(비잔티움제국)의 지배를 받았다. 예루살렘에서는 5~6세기에 많은 교회와 수도원이 건립됐지만, 614년에 사산왕조 페르시아제국의 침공으로 그 상당수가 파괴되었다.

현존하는 성벽은 오스만제국이 건설

7세기에 아라비아반도의 무역상이던 예언자 무함마드가 이슬람교를 창시했다. 이슬람교는 그리스도교와 마찬가지로 『구약성서』의 세계관을 계승한다. 무함마드가 큰 바위 위에서 천사의 인도로 앞선 예언자와 신을 만나고 왔다는 이야기가 전해진다. 691년 이슬람의 우마이야왕조 시대에 그 큰 바위를 뒤덮은 형태의 '바위 돔'을 완공

예루살렘을 정복한 십자군

했고, 이후 이곳은 이슬람교의 성지가 되었다.

이슬람왕조가 예루살렘을 지배하면서 많은 모스크(이슬람사원)를 세웠다. 한편 이때에는 유대교인과 그리스도교인도 일정 연령 이상의 주민에게 일률적으로 부과되는 인두세만 내면 신앙의 자유를 보장받았다.

11세기에 접어들면서 유럽에서는 점차 성지탈환의 여론이 높아졌고, 1099년에 프랑스 제후들을 중심으로 한 1차 십자군이 예루살렘을 점령했다. 이때 유대인이 사는 지역도 철저히 파괴되었다. 십자군은 예루살렘왕국을 건설하고 서쪽 성벽에 있는 유일한 문인 자파 문을 중심으로 성채를 강화했다. 또 현재의 구시가지 북서부에 성요한기사단이 운영하는 큰 병원을 건설했으며, 그 외에도 많은 교회와 수도원을 세웠다.

1187년에 아이유브왕조의 살라흐 앗딘(살라딘)이 예루살렘을 탈

다마스쿠스 문

성스테파노 문

성분묘교회

성전의 언덕
바위 돔 사원

자파 문

통곡의 벽

다윗의 탑

기드론계곡

시온 문

다윗의 마을

힌놈계곡

—— 현 예루살렘 성벽
······ 구 예루살렘 성벽

현재 예루살렘의 중심 시가지 역사적으로 여러 차례 예루살렘 쟁탈전이 벌어졌고, 그 결과 이 도시에는 다양한 민족의 유적이 혼재한다.

환했다. 그 후 13세기까지 유럽에서 십자군이 일곱 차례나 원정에 나섰지만, 예루살렘을 지속적으로 점령하는 데는 실패했다.

16세기에는 투르크계 오스만제국이 예루살렘을 지배하였는데, 황제 술레이만 1세가 현재도 이용하는 성벽을 건설했다. 이 밖에 예루살렘의 상수도를 정비했고 동부에 '성스테파노 문'을 만들었다. 당시 예루살렘의 인구는 5600명가량으로 무슬림 60퍼센트, 유대교인 20퍼센트, 그리스도인 10퍼센트였는데, 점차 무슬림의 수가 증가했다.

시간이 흘러 19세기 말이 되자 프랑스와 러시아에서 반유대주의가 확대된 한편, 유럽에 거주하는 유대인들 사이에서는 유대국의 재

예루살렘

건을 주창하는 시오니즘 운동이 활발히 일어났다.

1914년에 1차 세계대전이 발발하자 영국은 로스차일드가(家) 등 유대계 자산가의 협력을 얻기 위해 팔레스타인에서의 유대 국가 건설 지원을 약속했다. 그와 동시에, 오스만제국을 무너뜨릴 목적으로 아랍인의 자치 또한 보장했다. 이렇듯 유대인의 팔레스타인 귀환은 현지 아랍인과의 합의가 이뤄지지 않은 채 진행되었다.

구시가지 모두가 세계문화유산

마침내 1948년에 이스라엘 국가가 탄생했다. 이에 이집트, 시리아 등 주변 아랍국들은 강력하게 반발했고 1차 중동전쟁이 터졌다. 당초 이스라엘에 속한 영역은 예루살렘의 서부뿐이었지만, 1967년 3차 중동전쟁에서 승리한 이스라엘은 동부도 자국령으로 편입하여 '불가분의 수도'라는 주장을 내세웠다.

1948년 1차 중동전쟁 당시

원래 이스라엘 내에 살던 팔레스타인 이슬람인들은 동예루살렘을 수도로 하는 자치정부 건설을 주장하며 이스라엘 정부와 계속 대립하는 상황이다.

예루살렘에서는 지금도 양측의 분쟁이

끊임없이 이어지고 있다. 한편 유대교, 그리스도교, 이슬람교의 성지이기도 한 이곳으로 모여드는 순례자의 행렬도 끊이지 않는다. 현재 예루살렘의 동북부는 이슬람인지구, 서북부는 그리스도교인지구, 동남부는 유대인지구, 서남부는 4세기부터 거주하던 아르메니아인(그리스도교인)지구로 나뉘어 있다. 이슬람인지구는 높은 벽으로 격리된 상태로 외부와 출입할 때에는 검문소를 통과해야 한다.

오스만제국 시대에 건설된 성벽으로 둘러싸인 구시가지는 통째로 세계문화유산으로 등록되었다. 성벽에는 북쪽에 '다마스쿠스 문', 동쪽에 '성스테파노 문' 등 여덟 개의 문이 있는데, 그중 남쪽의 '시온 문' 근처에는 다윗의 묘가 있다. 신전 근처의 동쪽 황금문은 옛날 메시아가 이 문을 통해 들어갔다고 전해지는데, 지금은 일반인

다마스쿠스 문

성스테파노 문

이 통행할 수 없도록 폐쇄되어 있다.

　구시가지 바깥에는 시오니즘 운동이 부흥한 19세기부터 개발이
진행된 신시가지가 펼쳐져 있다. 예루살렘
의 신시가지에는 현대적인 고층 건물도 있
지만, 베이지색의 고풍스러운 석조 건물이
많아 유서 깊은 도시다운 고즈넉한 분위기
를 풍긴다.

다윗의 묘

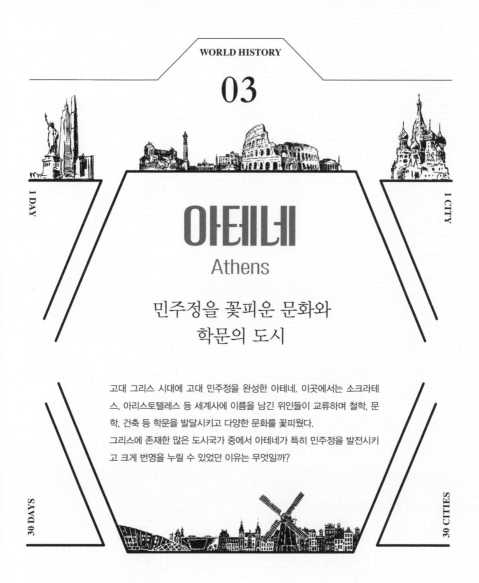

WORLD HISTORY

03

1 DAY

1 CITY

아테네

Athens

민주정을 꽃피운 문화와
학문의 도시

고대 그리스 시대에 고대 민주정을 완성한 아테네. 이곳에서는 소크라테스, 아리스토텔레스 등 세계사에 이름을 남긴 위인들이 교류하며 철학, 문학, 건축 등 학문을 발달시키고 다양한 문화를 꽃피웠다.
그리스에 존재한 많은 도시국가 중에서 아테네가 특히 민주정을 발전시키고 크게 번영을 누릴 수 있었던 이유는 무엇일까?

30 DAYS

30 CITIES

현재 국가	그리스공화국
인　구	약 315만 명(2019년 기준)

천혜의 지형과 풍부한 자원을 품은 땅

고대 그리스 신화에는 올림포스 12신 중 지혜의 여신 아테나와 바다의 신 포세이돈이 한 도시의 수호신 자리를 놓고 다투었다는 이야기가 나온다. 결과적으로 주민들은 아테나를 선택했고, 이에 따라 도시는 여신의 이름을 따서 부르게 되었다고 전해진다. 그 도시가 바로 현재 그리스공화국의 수도 아테네다.

아테네는 발칸반도 끝자락에 위치한다. 이 땅에 처음 사람이 살기 시작한 것은 중석기시대라고도 하고 신석기시대라고도 한다. 기원전 15~13세기경에는 현재 파르테논신전이 남아 있는 아크로폴리스 언덕에 성채가 건설되었다.

에게해를 중심으로 한 고대 그리스세계에서는 발칸반도 남부의 미케네문명이 기원전 1600년부터 발전을 이루었다가 기원전

아테네 통치를 두고 싸우는 포세이돈과 아테나

1200년경에 갑작스럽게 붕괴했다. 그 후 미케네 문명을 이룬 사람들은 새로운 정주지를 찾아 에게해 주변으로 이동했고, 기원전 8세기에 그리스 각지에 '폴리스'라고 부르는 도시국가를 건설했다. 아테네도 그중의 하나다.

그리스는 산맥과 섬이 많은 지형인 데다 큰 강도 없어서 서로 교류하기가 힘들었다. 그래서 여러 폴리스는 통일국가로 합쳐지지 않고 교역에 유리한 연안부를 중심으로 독립적으로 발달했다.

다만 아테네는 내륙 쪽에 이민족의 침략을 막아주는 산들이 있었고, 근교에 대리석이나 은과 같은 자원이 풍부했다는 점이 다른 폴리스들과 달랐다. 이러한 천혜의 조건이 훗날 아테네 번영의 토대가 되었다.

고대 그리스세계를 견인한 도시

각 폴리스는 오르기 쉽고 군사 요충지로 적합한 고지대, 즉 방어의 거점과 성지(聖地)의 용도를 겸한 언덕을 아크로폴리스(폴리스 중심지의 언덕을 의미)로 정했다. 아테네는 구릉지와 평탄한 토지가 공존하는 기복이 많은 땅이어서 중심부 언덕이 아크로폴리스가 되었다.

기원전 6세기, 이곳에 파르테논신전이 건립되었다. 이것이 바로 현재 남아 있는 신전의 전신인 '옛 파르테논신전'이다. 파르테논신전의 이름은 아테나가 '파르테노스(그리스어로 처녀라는 뜻)'였던 데서 유래했다.

이 신전이 지어졌을 무렵 아테네는 귀족과 평민이 항쟁하는 정

현재의 파르테논신전

기원전 5세기경 에게해 주변 고대 그리스세계는 여러 차례 대제국 아케메네스왕조 페르시아의 침략을 받았다.

치적인 과도기였다. 기원전 8세기에는 당시 정권을 잡은 귀족이 평민과의 대립을 조정하기 위해 법률 정비와 국정개혁 등 민주정치의 기틀을 잡아가고 있었다.

같은 시기에 메소포타미아와 이집트 주변지역의 오리엔트 지역을 통일한 대제국 아케메네스왕조 페르시아는 많은 폴리스를 지배하고 있었다. 하지만 이에 불만을 가진 폴리스들은 이오니아의 반란을 도화선으로 기원전 500년경 전쟁을 시작했다.

아테네는 반란을 일으킨 폴리스들을 지원함으로써 페르시아와 대립했다. 그리고 기원전 490년에 아테네 중심의 폴리스연합군이 마라톤전투에서 승리한다.

이 전투에서는 자비로 참전한 시민들로 구성된 중장보병 부대의 팔랑크스(밀집대형)가 상당한 효과를 발휘했다. 마케도니아왕국은 팔랑크스를 도입하여 보완했고, 이 전투대형은 훗날 마케도니아가 그 세력을 확장하는 데 큰 역할을 했다.

때마침 아테네 근교의 라우리온에서 은 광맥이 발견되었다. 아테네는 정치가 테미스토클레스의 제안에 따라 은 수익으로 최신예 전함인 트리에레스(삼단노선)를 건조했다. 강력해진 그리스 해군은 기원전 480년 살라미스해전에서 페르시아 함대를 격파했다. 이때 노꾼으로 무산계급 시민이 활약했고, 이후 이들의 발언권이 점차 커졌다. 이를 계기로 더 많은 시민이 정치에 참여하게 되어 민주정치의 확립이 가속화되었다.

마라톤전투 아테네군이 마라톤 평원에서 페르시아군을 무찌른 이 전투에서 올림픽 경기의 마라톤 경주가 유래되었다.

복원된 트리에레스

    테미스토클레스는 페르시아전쟁이 한창일 때 에게해 교역의 요지에 위치한 아테네 남서부의 피레우스에 항구를 건설하기 시작했다. 피레우스항은 해군기지로 사용되는 데 그치지 않고 후에 무역항으로 정비되어 아테네의 경제를 뒷받침했다. 현재도 피레우스항은 무역선과 여객선을 맞이하는 항구로 기능하고 있다.

    페르시아전쟁 후 아테네는 페르시아의 재침공에 대비한 폴리스들의 군사동맹인 '델로스동맹'의 맹주가 되어 그리스세계에서 발언권을 키워나갔다.

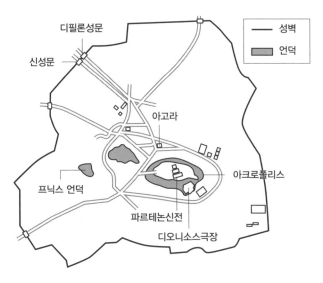

기원전 5세기경 아테네 아크로폴리스는 종교적, 군사적 역할을 담당했고 아고라는 정치적인 역할을
담당하는 장소였다.

노예가 뒷받침한 산업

아테네는 아크로폴리스를 중심으로 형성되었는데, 아크로폴리스 북
서쪽 기슭에는 '아고라(광장)'가 건설되었다. 아고라는 '모이다'라는
뜻의 고대 그리스어로, 많은 사람이 모이는 시민생활의 중심지를 의
미한다. 초기의 아고라는 시장이었지만, 많은 사람이 모이면서 점차
시민들의 정치토론장으로 변모했다. 정치색이 강한 아고라에는 현
대의 국회의사당에 해당하는 건물이나 시청사 그리고 재판소와 같
은 공공관청이 세워졌다.

고대 아고라 유적지

　현재 아고라 유적지는 야외 박물관으로 활용되어 관람이 가능하다. 또 국가정책을 결정하는 민회는 아크로폴리스 서쪽에 위치한 프닉스 언덕에서 열렸다. 이곳에는 지금도 당시 정치가들이 연설을 하던 연단이 남아 있다.

　시민들의 집은 공공성이 높은 시설의 바깥쪽 공간에 모여 있었다. 기원전 3세기에 아테네를 여행한 저술가 헤라클레이데스는『그리스 도시에 대하여』를 통해 이런 기록을 남겼다. "시내의 주요 거리

외에는 길이 좁고 비뚤비뚤하며, 멋진 공공시설과는 반대로 시민들의 살림집은 보잘것없다. 이를 뒷받침하듯이 시민들의 생활은 역병의 위험성에 쉽게 노출되었고 전쟁보다 전염병으로 더 많은 사망자가 나왔다."

약 1.5킬로미터 사방의 시가지를 둘러싼 성벽 바깥에 펼쳐진 농경지는 시민이 노예를 부려서 운영했다. 가장 번성한 시기에 아테네의 총인구는 약 25만 명이었고, 그중 3분의 1에 달하는 노예들이 가사일이나 은광 채굴 등에 종사했다. 아테네는 이러한 사람들에 의해 유지되고 있었다.

후세에 영향을 미친 문화

기원전 5~4세기경 아테네는 소크라테스, 플라톤과 같은 위대한 철학자를 배출했고, 주변 각지에서 지식인들이 몰려와 학문의 도시로 발전했다. 플라톤의 제자 아리스토텔레스는 마케도니아 알렉산드로스대왕의 교육을 맡은 후 아테네로 돌아와 학당을 열었다. 아테네와 인연이 깊은

소크라테스 흉상   플라톤 흉상

디오니소스 극장

아리스토텔레스는 방대한 학문을 집대성했고, 그 사상은 이슬람철학과 중세유럽의 철학 및 신학에도 영향을 미쳤다.

　민주정치체제의 아테네에서는 언론의 자유가 보장되었고 극장에서 연극이 상연되었다. 극장은 이른바 또 하나의 민회장이었는데, 변론가가 자신의 의견을 주장하는 것과 마찬가지로 극작가는 작품을 통해 시민의 마음을 흔들기 위한 무대를 만들었다. 대표적인 극장은 아크로폴리스의 기슭에 위치했던 '디오니소스 극장'이며, 당시 연극 감상은 시민에게 일종의 의무였다.

아테네 민주정의 최전성기에 아크로폴리스에는 새로운 파르테
논신전이 들어섰다. 페르시아전쟁 때 파괴된 옛 파르테논신전이 정
치가 페리클레스에 의해 재건된 것이다. 이 신전은 근교에 위치한
펜텔리콘산의 대리석으로 만들어져 아름다운 색채를 자랑한다.

고대 그리스 건축양식은 대체적으로 힘차고 장엄한 느낌이 특징
인 도리아식, 우아한 소용돌이 모양이 특징인 이오니아식, 화려한
장식이 특징인 코린트식으로 나뉜다. 파르테논신전은 도리아식을
대표하는 건축물이다. 기둥의 가운데 부위가 약간 불룩하게 나오도
록 한 엔타시스(배흘림 기둥)양식은 일본에도 전해져 호류지나 도쇼
다이지와 같은 사찰의 기둥에 사용되었다. 이오니아식은 고대 로마
의 건축양식에 영향을 주었다.

과거의 영광을 현재에 전하다

아테네는 델로스동맹의 맹주로서 폴리스들을 이끌었지만, 페리클레
스가 사망하자 혼란에 빠졌다. 게다가 펠로폰네소스동맹의 맹주인
스파르타와 싸운 펠로폰네소스전쟁(기원전 431~404년)에서 패한 뒤
국력이 크게 쇠약해졌다.

이러한 그리스세계의 혼란을 틈타 필리포스 2세가 이끄는 마케
도니아군이 북방에서 침입했고, 이에 맞선 폴리스연합군은 카이로

네이아전투(기원전 338년)에서 패했다. 이후 스파르타를 제외한 폴리스들은 필리포스 2세의 주도하에 코린토스동맹을 체결하고 마케도니아왕국의 지배하에 놓이게 된다.

세력을 크게 확장한 마케도니아왕국도 알렉산드로스대왕의 사후에 분열했다. 기원전 276년에 알렉산드로스대왕 휘하 장군의 손자가 안티고노스왕조 마케도니아를 건국하여 그리스 일대를 지배했다. 그러나 기원전 168년에 로마군이 안티고노스왕조를 멸망시켰고, 그리스 영토의 대부분은 로마제국의 속주가 되었다.

융성한 로마제국은 기존 건물을 고치거나 공공건축물을 새로 건설했고, 아테네는 일시적으로 활기를 되찾았다. 하지만 그리스도교가 널리 퍼지면서 도시의 신전들이 파괴되었고, 6세기에는 동로마

카이로네이아전투 이 전투를 통해 마케도니아는 그리스 지배권을 손에 넣었고, 이는 훗날 마케도니아를 물려받은 알렉산드로스가 대제국을 세우는 밑거름이 되었다.

제국의 유스티니아누스 1세에 의해 철학 학원이 폐쇄되었다. 이로써 학술과 문화의 중심이었던 아테네의 영광은 점차 잊히게 된다.

이후 아테네는 십자군 국가와 오스만제국과 같은 강국들의 지배를 받았다. 하지만 독립전쟁을 거쳐 1830년에 오스만제국의 지배에서 벗어나 그리스왕국으로서 독립을 이루었다. 당시 아테네는 전쟁으로 황폐해졌지만, 고대 그리스문화를 화려하게 꽃피웠던 역사성을 인정받아 1834년에 그리스의 공식수도가 되었다. 이후 그리스는 1975년까지 왕정과 공화정을 거쳤고, 아테네는 그런 변화 속에서도 안정적으로 수도로 자리 잡았다.

오늘날의 아테네는 그리스의 수도일 뿐 아니라 고대 그리스의 영광을 간직한 도시로서 많은 관광객의 발길을 끌어당기고 있다.

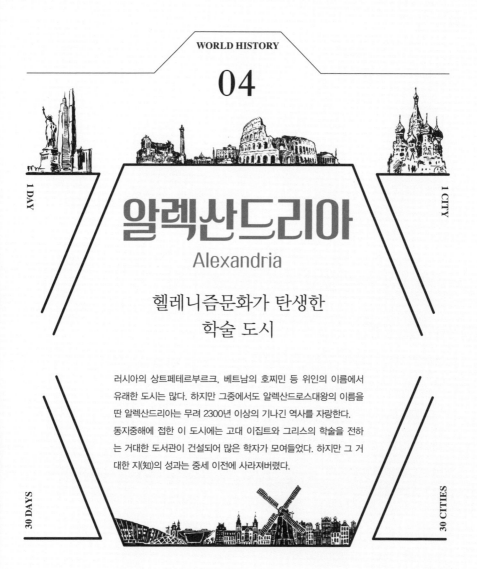

1 DAY

1 CITY

알렉산드리아
Alexandria

헬레니즘문화가 탄생한
학술 도시

러시아의 상트페테르부르크, 베트남의 호찌민 등 위인의 이름에서 유래한 도시는 많다. 하지만 그중에서도 알렉산드로스대왕의 이름을 딴 알렉산드리아는 무려 2300년 이상의 기나긴 역사를 자랑한다. 동지중해에 접한 이 도시에는 고대 이집트와 그리스의 학술을 전하는 거대한 도서관이 건설되어 많은 학자가 모여들었다. 하지만 그 거대한 지(知)의 성과는 중세 이전에 사라져버렸다.

30 DAYS

30 CITIES

현재 국가	이집트아랍공화국
인　　구	약 518만 명(2019년 기준)

첫 번째 '알렉산드리아'

'알렉산드리아'라는 이름을 딴 도시는 고대에 시리아, 페르시아만, 인도 서부, 중앙아시아 등 유라시아대륙 서부 각지에 70군데나 있었고, 현재는 미국의 버지니아주나 호주의 뉴사우스웨일스주에도 있다. 하지만 알렉산드리아라는 이름의 도시가 최초로 세워진 곳은 동지중해에 접한 이집트의 나일강 하구다.

이집트라고 하면 먼저 광대한 사막을 떠올릴지 모르겠지만, 나일강 하구는 '나일 델타(삼각주)'로 불리는 녹지가 풍부한 땅이다. 고대 이집트인들은 나일강 상류에서 토사가 실려 와 형성된 비옥한 토양을 잘 활용하여 이곳을 곡창지대로 만들었다.

고대 이집트는 기원전 3100년경부터 많은 왕조가 등장하여 흥망을 거듭했다. 기원전 2500년 전후 고왕국 시대에는 카이로에서

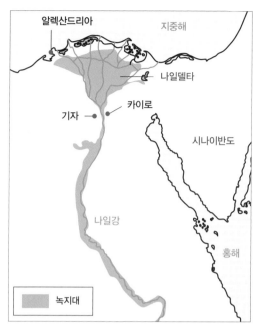

남서쪽으로 약 20킬로미터 떨어진 기자에 그 유명한 3대 피라미드와 스핑크스상이 세워졌다.

이집트는 동지중해를 사이에 두고 마주하고 있는 그리스와 오래전부터 관계를 맺어왔다. 그리스인들은 기원전 7세기에 현 알렉산드리아에서 남동쪽으로 약 75킬로미터 떨어진 나우크라티스에 식민도시를 세우고 무역활동의 거점으로 활용했다.

알렉산드리아의 위치　이집트왕국의 왕도는 나일강 연안에 위치했지만 알렉산드리아는 하구에 자리 잡고 있었다.

대도서관과 대등대

기원전 334년, 마케도니아왕국의 알렉산드로스대왕은 그리스 도시국가들을 통솔하여 동방원정을 시작한다. 2년 후 이집트를 침공한 그는 나일강 하구 파로스섬 인근의 작은 어촌이 항구가 될 만한 적임지라고 판단하고 자신의 이름을 딴 도시를 건설하도록 했다. 그

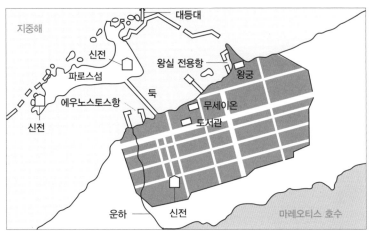

지중해

대등대

신전

파로스섬

왕실 전용항

왕궁

둑

에우노스토스항

무세이온

신전

도서관

운하

신전

마레오티스 호수

기원전 3세기경 알렉산드리아 파로스섬으로 이어지는 둑을 경계로 두 개의 항구로 나뉘어 기능했다.

리고 직접 말을 타고 달리며 중앙도로의 위치를 결정했다. 격자형
의 시가지를 건설하고 전체 길이 1225미터의 둑으로 파로스섬과
연결했다. 도심에는 그리스와 이집트의 신들을 모시는 신전도 건설
했다.

알렉산드로스대왕은 원정길 도중에 알렉산드리아라는 이름의
도시를 곳곳에 건설했는데, 정작 첫 번째 알렉산드리아의 완공을 보
지 못한 채 기원전 323년에 사망했다. 이후 알렉산드로스대왕의 신
하였던 프톨레마이오스(1세)가 이집트에서 프톨레마이오스왕조를
열고 정비된 알렉산드리아를 수도로 삼았다.

프톨레마이오스 1세는 알렉산드리아에 대규모 무세이온(학술원)
과 도서관을 건설했다. 도서관에서는 그리스와 이집트를 비롯해 메
소포타미아와 페르시아 등 각지로부터 철학, 시문, 역사, 천문학, 지

리학, 수학, 의학 등 각종 책을 수집하여 필사하고 그리스어로 번역했다. 장서 수는 10만 권 혹은 70만 권이라는 설도 있지만, 기록이나 흔적을 발견할 수 없어서 규모가 어느 정도였는지 확실히 알 수 없다.

그리스 역사가 스트라본에 따르면, 프톨레마이오스에게 책 수집을 권한 이는 알렉산드로스대왕의 스승이었던 그리스의 철학자 아리스토텔레스라고 한다.

무세이온에는 기하학을 크게 발전시킨 수학자 유클리드, 부력의 원리를 발견한 물리학자 아르키메데스, 지동설의 선구자인 천문학자 아리스타르코스 등 뛰어난 인재들이 모여 그리스와 오리엔트의 종교, 학술, 미술이 융합한 헬레니즘문화를 발전시켰다. 이는 훗날 로마제국의 학술에도 큰 영향을 끼쳤다.

알렉산드리아의 또 하나의 전설적인 건축물은 파로스섬의 대등

무세이온에서 모신 아홉 명의 무사이 무세이온은 본래 학문과 예술을 관장하는 그리스 여신들인 무사이를 모시던 곳이었지만, 알렉산드리아의 무세이온은 신전 기능과 더불어 학술기관의 역할도 담당했다.

파로스섬의 대등대를 묘사한 회화

대다. 이 건축물에는 약 140미터 높이의 등댓불을 밝히기 위해 연료를 정상으로 끌어올리는 내부장치가 있었다고 한다. 이 대등대 역시 고대 그리스에서 꼽은 '세계의 7대 불가사의' 가운데 하나지만, 기원후 8세기와 13세기에 발생한 대지진으로 붕괴되고 말았다. 이에 대한 이야기는 전설처럼 전해지다가, 1995년에 비로소 바닷속에서 유적의 일부가 발견됐고 이후 계속 조사가 진행 중이다.

알렉산드리아는 수백 년에 걸쳐 학술 도시로 유명했다. 최전성기 때의 인구는 약 30만~100만 명에 이르렀으며 대부분 그리스에서 온 이주민이었다.

로마제국 지배하의 영광과 몰락

기원전 48년 프톨레마이오스왕조의 내분으로 결국 알렉산드리아 전쟁이 발발했다. 이 시기 카이사르가 이끌던 로마군이 알렉산드리아를 침공했을 때 한 차례 도서관이 파괴되었다. 카이사르의 협력을 얻어 즉위한 클레오파트라(클레오파트라 7세)는 후에 로마와 대적하다가, 기원전 31년 악티움해전에서 패한 뒤 스스로 목숨을 끊었다. 그 이후 알렉산드리아를 포함한 이집트는 로마제국의 지배를 받았다.

한편 이집트에서는 일찍부터 그리스도교가 퍼졌다. 알렉산드리아에서는 히브리어 성서가 그리스어로 번역되었는데, 이것이 로마제국에서 그리스도교의 확산을 가속하는 한 요인이 되었다.

이집트는 로마제국에서 소비하는 곡물의 3분의 1을 생산하는 곡창지대였다. 알렉산드리아는 곡물 이외에 면제품이나 유리제품, 파피루스의 생산지로도 유명했고, 페르시아와 시리아 등 동방에서 실려 온 상품의 수출항으로서 번성했다.

기원후 4세기 말, 로마의 테오도시우스 황제가 그리스도교를 로마제국의 국교로 제정했다. 그에 따라 그리스도교의 힘이 강해졌고, 그리스와 이집트의 전통적인 다신교신앙이 탄압받았다. 그 결과 알렉산드리아의 학술을 뒷받침하던 다문화 공생의 풍토가 사라지게 되었다. 알렉산드리아 도서관은 이교도문화를 혐오하는 그리스도교도의 공격을 받고 몰락했다.

밀라노대성당에서 테오도시우스의 출입을 막는 암브로시우스 그리스도교가 국교화
되고 난 후, 현실의 최고 권력자인 황제가 성직자에게 굴복하는 일이 벌어지기도 했다.

640년에는 아랍의 이슬람세력이 이집트를 점령했는데, 이때 알
렉산드리아는 이미 완전히 쇠퇴한 상태였던 것으로 보인다. 알렉산
드리아의 항만은 이슬람인에 의해 재건되었고 이후 파티마, 맘루크
와 같은 이슬람왕조가 지중해 무역의 거점으로 활용했다.

다시 부흥하는 거대 도서관

시간은 흘러 1798년, 프랑스의 나폴레옹이 오스만제국이 통치하는 이집트를 침공했다. 이때 오스만제국의 군인 무함마드 알리는 프랑스군을 물리친 뒤 이집트 태수(총독)가 되었고, 이후 무함마드 알리 왕조를 열었다. 알리는 알렉산드로스대왕과 같은 마케도니아 출신이었다. 그는 무엇보다 이집트의 근대화를 이끌기 위해 유럽 각국과의 무역활동에 힘을 쏟았고, 알렉산드리아는 상업항구로서 다시 활기를 찾기 시작했다.

하지만 오스만제국의 약체화와 함께 영국과 프랑스 등 유럽 열강의 영향력이 점차 커졌다. 1882년, 군인이자 민족운동지도자인 아라비 파샤가 이집트의 독립을 위해 반란을 일으키자 알렉산드리아는 전란에 휩싸였다. 하지만 반란은 실패로 돌아갔고 이집트는 영국이 통치하게 되었다. 1919년에 이집트는 독립을 이뤘지만, 알렉산드리아는 계속해서 영국 지중해 함대의 거점으로 남아 2차 세계대전 때 독일군의 공습을 받기도 했다. 전쟁이 끝난 후 영국은 해군기지를 철수했고 이집트 정부가 도시를 재건했다.

이후 이집트에서는 고고학 연구의 진행과 함께 사라진 알렉산드리아 도서관의 부흥을 도모하는 움직임이 일

아라비 파샤

신 알렉산드리아 도서관

어났다. 마침내 2001년에 이집트 정부와 유네스코에 의해 '비블리
오테카 알렉산드리나(신 알렉산드리아 도서관)'가 건립되었다. 알렉산
드리아 시내에 위치한 이 도서관은 8만 제곱미터가 넘는 부지 면적
에 수만 권의 서적과 영상자료를 소장하고 있다. 또 천체투영관(플라
네타륨), 고고학 박물관, 과학박물관도 갖추고 있다.

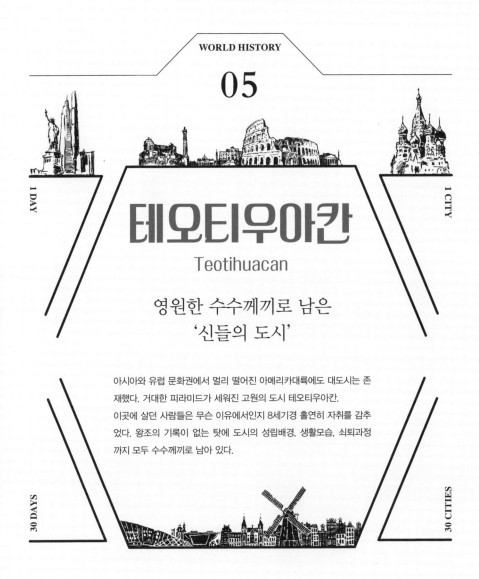

테오티우아칸

Teotihuacan

영원한 수수께끼로 남은
'신들의 도시'

아시아와 유럽 문화권에서 멀리 떨어진 아메리카대륙에도 대도시는 존재했다. 거대한 피라미드가 세워진 고원의 도시 테오티우아칸. 이곳에 살던 사람들은 무슨 이유에서인지 8세기경 홀연히 자취를 감추었다. 왕조의 기록이 없는 탓에 도시의 성립배경, 생활모습, 쇠퇴과정까지 모두 수수께끼로 남아 있다.

현재 국가	멕시코합중국
인 구	도시 현존하지 않음

메소아메리카 문명이 탄생한 최대 도시

남북아메리카대륙의 선주민은 약 2만 년 전, 아시아에서 러시아와 알래스카 사이의 베링해협을 건너온 사람들로 추정된다. 그들은 소규모 부족집단으로 나뉘었고, 그중 일부가 이후 메소아메리카(멕시코부터 과테말라에 걸친 중미 일대)와 중앙 안데스(페루부터 볼리비아에 걸친 남미 일대)에서 아즈텍제국, 잉카제국과 같은 고도의 문명을 지닌 국가를 건설했다.

멕시코합중국의 수도 멕시코시티에서 북동쪽으로 약 50킬로미터 떨어진 곳에 위치했던 테오티우아칸은 메소아메리카 문명이 탄생한 도시다. 이곳은 해발 약 2200미터의 고지대이고 부근에 큰 하천도 없지만, 주위의 산에서 눈이 녹아 흘러내린 물과 지하수가 풍부하고 토양도 비옥해서 농업 생산성이 높은 곳이다.

기원전 9세기 무렵부터 이곳에 사람들이 모여 산 흔적을 찾아볼 수 있는데, 본격적으로 도시의 기틀을 쌓기 시작한 때는 기원전 100년경으로 보인다. 최전성기에 해당하는 기원후 350~650년경에 인구는 10만~20만 명에 달했다.

테오티우아칸의 면적은 약 22제곱킬로미터에 이른다. 도시 가운데에는 폭이 약 40미터, 길이가 약 2.3킬로미터에 달하는 '죽은 자의 길'이 남북으로 길게 뻗어 있다. 이 길의 이름은 테오티우아칸 유적을 처음 발견했을 때 북단에 있는 '달의 피라미드'를 왕가의 묘로 오해해서 붙이게 된 것이다.

고도로 발달한 천문학을 건축에 반영

테오티우아칸은 신관을 수장으로 한 신권정치체제였고, 그 아래로 군인이나 상인, 기술자, 노예 등의 계급이 있었다. 당시의 문자로 적힌 신의 이름과 지명은 남아 있지만 왕조의 기록은 없다.

대로의 동쪽에는 1~3세기에 만들어진 약 63미터 높이의 '태양의 피라미드'가 있다. 피라미드의 지하에는 커다란 천연동굴이 있어 옛날부터 종교적인 성지였을 것으로 추정된다. 태양의 피라미드는 일 년 중 태양이 가장 높이 떠오르는 날의 석양이 정면을 향하도록 배치되어 있는데, 건기와 우기를 파악하기 위해 태양의 움직임을 관측하는 시설로 사용되었을 것이라는 주장도 있다.

태양의 피라미드

태양의 피라미드에서 바라본 달의 피라미드

테오티우아칸의 구조
도시 구조를 살펴보면 당시
지배계층이 고도의 천문학
지식을 갖추고 있었음을 알
수 있다.

대로의 북쪽 끝에 있는 달의 피라미드는 약 46미터 높이로, 태양의 피라미드보다 약 100년 후에 건설되었다. 남쪽에는 물과 농경의 신인 케찰코아틀을 모신 신전이 있는데, 달의 피라미드와 이 신전에는 살아 있는 인간이나 가축을 제물로 바치는 의식을 행했던 흔적이 남아 있다.

시내에는 하수시설이 완비되어 있었고 공동주택도 있었다. 돌로 만든 단층집에는 회반죽벽으로 나뉜 수십 개의 방이 있었다. 신전이나 피라미드와 마찬가지로 일반 주택에도 짐승이나 독수리 같은 벽화를 그렸고, 경사지게 쌓은 벽과 수직 벽을 조합하여 건축했다.

광범위하게 이루어진 중미의 물류망

7세기 후반부터 8세기에 걸쳐, 테오티우아칸은 외부로부터의 침략 혹은 내분으로 황폐해진 것으로 보인다. 도시가 광범위하게 불에 탔던 흔적도 찾아볼 수 있다. 이 시기에는 심한 가뭄에 의해 농업생산력도 저하된 듯하다. 하지만 모두 추측일 뿐, 테오티우아칸 쇠퇴의 이유와 과정은 풀리지 않는 수수께끼로 남았다.

테오티우아칸에서 사용한 것과 비슷한 토기와 일용품이 서쪽 유카탄반도의 마야문명권 등지에서 출토되었다. 하지만 15세기에 스페인인이 등장할 때까지 아메리카 선주민 문화에는 말과 수레가 존재하지 않았다. 그래서 안정적인 교통망이 발달하지 못하고 공통 문자도 확산되지 못했다. 이 때문에 테오티우아칸의 문화는 주변지역으로 전해지지 못한 채 단절되고 말았다.

어느덧 테오티우아칸은 사라진 도시가 되었고, 이후 남쪽의 테노치티틀란에서 아즈텍문명이 발전했다. 북쪽으로 세력권을 넓힌 아즈텍인은 14세기에 태양의 피라미드 등 거대 유적을 발견하고, 이 땅을 그들의 언어로 '테오티우아칸(신들의 도시)'이라고 불렀다.

아즈텍제국은 1521년에 스페인에서 건너온 코르테스 무리에 의해 정복당했고 테노치티틀란에는 현재의 멕시코시티가 건설되었다. 백인이 출현했을 때 테오티우아칸은 이미 황폐한 도시였기 때문에 오히려 과도한 파괴를 면할 수 있었다. 오늘날 테오티우아칸은 고대 메소아메리카의 뛰어난 문명을 잘 보여주는 유적으로서 의미가 크다.

로마
Rome

몇 번이고 되살아난
'영원의 도시'

역사적으로 최고의 영화를 누렸던 로마제국의 수도답게 로마는 당대의 최신기술을 활용해서 상하수도와 공중목욕탕을 건설했다. 이러한 시설은 무엇보다 로마 시민의 생활을 윤택하게 만들었다.
로마제국이 붕괴된 후에 로마는 가톨릭교회의 소재지로 규모와 지위가 축소되었지만, 르네상스 시대에 또다시 화려한 문화를 꽃피웠다.

현재 국가	이탈리아공화국
인　구	약 423만 명(2019년 기준)

왕정 때 기틀을 쌓은 수도의 원형

로마는 이탈리아반도 서쪽에 펼쳐진 지중해 중부 티레니아해로 흘러드는 테베레강의 하구에서 25킬로미터쯤 거슬러 올라간 동쪽 강가에 위치한다.

로마의 건국신화에 따르면 테베레강에 버려진 쌍둥이 형제 로물루스와 레무스가 마을에 정착한 후, 로물루스가 레무스를 제거하고 팔라티노 언덕에서 기원전 753년에 로마를 세웠다고 전해진다. 로마는 로물루스에서 유래한 이름이다.

실제로는 기원전 10~9세기, 팔라티노 언덕에 라틴인이 집락을 형성한 것이 로마의 시초다. 이들은 다른 언덕에 정착한 사비니인을 공격했고, 기원전 3세기 중반에 사비니인은 로마 시민으로 편입되었다. 이때 하늘의 신 유피테르와 전쟁의 신 마르스를 숭배하던 사비니인의 신앙이 로마에 흡수된 것으로 보인다.

기원전 7세기가 되자 이탈리아 중부지역을 거점으로 삼은 에트루리아인이 세력을 확장하며 로마에 영향을 미쳤다. 기원전 616년에는 에트루리아인 타르퀴니우스가 로마왕의 양자가 되어 왕위를 이어받았다.

에트루리아인은 고도의 금속가공기술과 토목기술을 갖고 있었다. 그들은 주변의 일곱 개 언덕을 천연 방어벽으로 삼고 로마를 발전시켰고, 언덕 사이의 평지를 광장으로 만들어 그곳에 신전과 집회소를 세웠다. 하수도를 정비하고 약 10킬로미터에 달하는 '세르비우스 성벽'을 쌓아 도시를 에워싸기도 했다. 공화정·제정 로마의 수도다운 도시구조의 원형이 이 무렵에 만들어진 것이다.

로마에는 건국 시기부터 지도자층(귀족)의 입법·자문기관인 원로

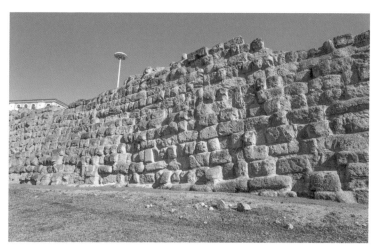

세르비우스 성벽

원(세나투스)이 존재했는데, 기원전 509년에 원로원과 협의 없이 제멋대로 권력을 휘두르던 에트루리아인 왕이 분노한 로마 시민들에 의해 추방되는 사건이 일어났다. 그리고 로마공화정이 시작되었다.

세계에서 가장 오래된 콘크리트 건축

내정이 안정되자, 로마공화정은 기원전 272년에 이탈리아반도를 통일하고 지중해지역으로 진출했다. 그리고 점령한 각 지역에 속주를 설치했다.

공화정 시대에 로마는 인프라를 정비하며 적극적으로 도시개발을 추진했다. 테베레강 가에는 항만시설과 밀 저장고를 지었다. 이 건물들은 천연 시멘트를 이용한 세계에서 가장 오래된 콘크리트 건축물이다. 중앙광장에는 원로원의 의사당과 농업의 신 사투르누스를 모시는 신전이 세워졌고 주변에는 상점이 들어섰다.

기원전 312년에는 정치가 아피우스 클라우디우스에 의해 전체 길이 16.5킬로미터에 달하는 로마 최초의 수로 '아피아 수도(水道)'가 건설되었다. 이후에도 로마는 도시의 확장과 함께 상하수도를 계속 증설했다. 로마를 중심으로 각지에 방사선 모양으로 뻗은 군용도로인 '아피아 가도'도 클라우디우스가 감독해서 건설한 것이다.

기원전 88년, 이탈리아반도 전역의 자유민에게 시민권이 부여되었고 평민의 발언권이 커졌다. 이때 로마는 도시국가에서 로마와 동등한 권리를 가진 도시들을 포괄하는 영역국가가 되었다.

한편 원로원에 속한 귀족 루키우스 코르넬리우스 술라와 평민의 생명과 재산을 보호하는 호민관 가이우스 마리우스가 대립하게 되었는데, 이 시기를 '내란의 1세기'라고 부른다. 술라를 비롯한 귀족들은 권력 과시를 위해 유피테르신전과 국가 공문서관 등 공공건축물을 짓고 로마의 도시 경관을 바꾸었다.

마리우스와 술라의 사후 카이사르, 폼페이우스, 크라수스가 '삼두정치'를 실시했고, 그 뒤 카이사르가 독재정치를 펼쳤다. 하지만 2년 후에 카이사르가 암살되자 양자 옥타비아누스가 권력을 장악했다. 옥타비아누스는 기원전 27년에 초대 황제로 즉위해 아우구스투스 황제가 되었고, 로마는 공화정에서 제정 시대로 이행했다.

카이사르의 죽음 그가 죽기 직전에 한 말로 널리 알려진 "브루투스, 너마저…"는 셰익스피어의 희곡 『줄리어스 시저』에 나오는 대사로, 역사적 사실로서의 근거는 없다.

100만 인구를 지탱한 수도

아우구스투스는 "벽돌로 지어진 로마를 이어받아 대리석의 도시로 남긴다"라고 말했다. 그는 의사당, 신들을 모신 판테온(만신전), 극장과 같은 건축물의 건설사업을 벌이는 한편, 로마를 14구로 나누는 등 도시정비를 추진했다. 로마 대화재 이후 재건된 판테온은 약 2000년이 지난 지금도 건재한데, 건물이 여전히 강도를 유지하고 있다는 점이 과학적으로도 증명되었다. 이로써 당시 로마인의 우수한 토목건축기술을 확인할 수 있다.

이후의 황제들도 권력을 과시하고 시민들의 지지를 얻기 위해 공공건축물을 건설했다. 약 5만 명(수용 가능한 인원수에 대해서는 여러 설이 있음)을 수용할 수 있는 원형경기장 '콜로세움'은 베스파시아누

콜로세움 내부

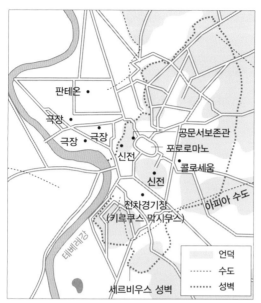

판테온 •

극장 •

극장 • 극장 •

신전

공문서보존관

포로로마노

신전

콜로세움

전차경기장
(키르쿠스 막시무스)

아피아 수도

테베레강

세르비우스 성벽

	언덕
......	수도
......	성벽

1세기경 로마 시가지 원로원의사당 등의 건물이 세워졌던 포로로마노는 정치의 중심지였다.

스 황제 때 착공되어 기원후 80년에 티투스 황제 때 완성되었다. 이곳에서 로마 시민은 오락거리 삼아 검투사 노예들의 싸움을 관람했다.

이 무렵 로마의 인구는 폭발적으로 증가했다. 기원전 300년경 3만 명 정도였던 인구가 기원후 14년경에는 80만 명, 164년경에는 100만 명 이상으로 증가했다. 급격하게 늘어난 인구로 인해 로마시는 세르비우스 성벽 밖으로 확장하지 않을 수 없었다.

3세기 아우렐리우스 황제 때는 세르비우스 성벽의 바깥에 시가지를 에워싸듯이 전체 길이 19킬로미터의 '아우렐리우스 성벽'을 새롭게 축조하여 신시가지를 완성했다.

로마에 100만 명 이상의 많은 사람이 거주할 수 있었던 이유는 수도(水道)가 갖춰져 있었기 때문이다. 기원전 312년 아피아 수도를 필두로 해서 기원후 226년 안토니니아나 수도까지 총 11개의 수도를 건설했고, 하루에 약 110만 세제곱미터 이상의 물을 공급했다. 이 공급량은 일본 요코하마시의 2017년도 하루 최대 배수량과 거의 맞먹는다.

이 물은 식수로 이용되었을 뿐 아니라 공중목욕탕(테르마이)에도 공급되었다. 4세기 로마에는 크고 작은 목욕탕이 900개 정도 있었다고 한다.

귀족과 같은 부유층은 도심에 넓은 부지의 단독주택(도무스)을 소유한 반면, 대다수 평민은 '인술라'라는 7층 정도 되는 고층 공동주택에서 살았다. 로마 시내는 인구과다로 건물이 빽빽이 밀집한 상태였다.

이윽고 64년 네로 황제 시대에 로마에서 큰 화재가 발생했다. 불은 삽시간에 번졌고 소화용 물을 확보하지 못해 진화가 늦어지면서 로마는 7일 동안 계속 불타올랐다.

대화재 후 네로 황제는 도시 재건에 나섰다. 도로의 폭을 넓히고 목조 건물을 금지했으며, 인술라에는 반드시 중정(中庭)을 갖추게 하는 등 화재를 대비하는 정책을 시행했다.

수도 이전과 게르만인에 의한 피해

로마는 오현제 시대에 '팍스로마나(로마의 평화)'라 불리는 최전성기를 맞았다. 트라야누스 황제 때는 서유럽의 대부분을 차지했고, 남쪽으로 북아프리카대륙, 동쪽으로 메소포타미아까지 판도를 확장했다. 하지만 이 시대를 정점으로 로마는 쇠퇴의 길을 걷게 된다.

오현제 이후 50년간 열여덟 명(공동 통치자를 더하면 스물여섯 명)의 군인 출신 황제가 번갈아 황위에 오르는 군인황제 시대를 거치며 내정이 몹시 불안했다. 이 상황에 종지부를 찍은 디오클레티아누스 황제는 이대로 광대한 영토를 통치하는 것은 불가능하다고 판단하여, 293년에 로마제국을 동서로 나눠 각각 정·부 황제를 두는 '사두정치(테트라키아)' 체제를 시작했다.

그 후 콘스탄티누스 황제가 제국을 재통일하고 수도를 콘스탄티노플(현재 이스탄불)로 옮겼다. 이때부터 콘스탄티노플은 '제2의 로마'로 불리게 되었다. 또한 313년에 반포한 '밀라노칙령'에 따라 로마제국에서 그리스도교가 공인되었고, 392년에는 로마의 국교로 제정되었다.

395년, 테오도시우스 황제는 죽기 전에 두 아들에게 영토를 나누어주었다. 이에 따라 밀라노를 수도로 하는 '서로마제국'과 콘스탄티노플을 수도로 하는 '동로마제국(비잔티움제국)'이 성립했다. 이제 로마는 서로마제국에 속한 한 도시로 전락했다.

이 무렵 서로마제국은 게르만인의 대이동으로 인해 혼란이 계속되었고, 로마도 역시 그 영향을 받았다. 410년에는 게르만계 서고트족에게 약탈을 당했고, 455년에는 역시 게르만계인 반달족에게 건축물과 인프라 설비가 파괴되는 심각한 피해를 입었다.

476년, 결국 서로마제국은 멸망한다. 이후 로마는 게르만인 용병대장 오도아케르의 지배를 거쳐 게르만인의 동고트왕국에게 점령당했다. 그 후 동로마제국이 로마를 지배하에 두게 되었지만, 그들에게 그 도시는 더 이상 중요한 곳이 아니었다. 8세기 중반, 로마가 게르만계 랑고바르드족의 위협에 노출되자 로마교황은 미덥지 않은 동로마제국이 아니라 침략자와 같은 게르만족인 프랑크왕국에 도움을 청했다. 원래 로마교황(4세기 말부터 교황이라는 칭호를 사용)은 각지의 교구를 감독하는 주교들 중 하나였지만, 그리스도교세계에서 주도적인 역할을 담당하면서 점차 로마 가톨릭교회 최고위 성직자의 지위를 차지하게 되었다.

로마교황의 요청에 응한 프랑크왕국의 피핀 3세는 로마를 침략한 랑고바르드족을 격퇴하고, 획득한 영지를 로마 가톨릭교회에 헌납했다(756년). 이리하여 로마는 이탈리아 중부의 독립세력, 즉 로마교황령의 중심 도시가 되었다.

르네상스기의 부흥

9세기에 프랑크왕국이 분열하고 이탈리아왕국이 성립했지만, 이탈리아왕국은 약 80년 만에 붕괴했다. 신성로마제국의 지배하에서 베네치아와 제노바 등의 도시가 번영하는 한편, 교황령은 독립을 유지했다. 이런 와중에 로마시에 있는 콜로세움과 극장은 이교와 관련한 건축물이라는 이유로 방치되었다.

중세시대에 로마는 교황과 각국 군주와의 투쟁으로 농락당한다.

13세기, 교황 인노첸시오 3세 시대에 교황의 권력은 절정을 맞지만, 14세기에는 프랑스왕에 의해 교황청이 강제적으로 이전할 정도로 (아비뇽유수) 교황의 권위가 추락했고 로마도 피폐해졌다.

한편 14세기 이탈리아반도에서 고전문화 부흥운동 '르네상스'가 시작되어 로마도 영향을 받았다. 로마에 활기를 불어넣기 위해 교황 니콜라오 5세는 '비르고 수도'를, 교황 식스토 4세는 '시스토 다리'를 재정비했다. 현재 로마에서 볼 수 있는 교회나 교회를 장식한 회화와 벽화 등의 예술작품이 탄생한 것도 이 시기다. 2만 명 남짓했던 로마의 인구는 이 무렵 약 5만 명까지 증가했다.

잠시 고대 로마와 같은 번영의 분위기가 되살아난 듯했지만, 로마는 1527년에 신성로마제국 군대의 공격을 받게 된다(로마 약탈). 유럽의 정치적 알력 속에서 교황 클레멘스 7세와 신성로마제국 황제 카를 5세가 대립한 것이 그 배경이었다. 그 무렵 가톨릭교회는 로마 부흥의 상징인 '성베드로대성당'을 재건을 계획하면서 막대한 자금을 조달하기 위해 '면죄부'를 남발했다. 이러한 행위는 루터의 종교개혁을 촉발했는데, 대부분 루터의 가르침을 신봉하던 신성로마제국의 병사들은 로마를 무차별적으로 약탈하고 파괴했다. 이로 인해 로마의 인구는 약 3만 명으로 급감했다.

16세기 후반에 교황 식스토 5세는 도시계획을 수립하여 주요 교회와 광장을 잇는 직선도로를 정비하고 고대 로마의 수도를 복원해서 물이 부족한

마르틴 루터

지역에 충분히 공급되도록 했다. 그 후 로마는 크게 쇠퇴도 발전도 하지 않은 채 시간을 보냈다.

무솔리니가 실시한 개조계획

18세기 말에 유럽은 크게 변동한다. 프랑스혁명을 계기로 전격 등장한 나폴레옹이 황제에 오르고 세력을 확대했다. 1809년에 교황령은 프랑스제국에 일시적으로 병합된다. 프랑스혁명의 여파로 이탈리아반도에서는 통일운동이 활발해졌고, 1861년에 사르디니아공국이 이탈리아왕국을 수립했다. 수도는 토리노, 피렌체를 거쳐 1870년에 왕국에 병합된 로마로 정해졌다.

이 무렵 로마의 인구는 약 20만 명이었고 교회 이외의 시설은 부서진 옛 건축물, 과수원, 창고와 귀족의 주택 정도밖에 없었다. 그래서 왕국 정부는 청사, 병원, 공원과 같은 공공시설의 건설을 급속하게 추진했고 새로운 도로를 정비하는 등 구획정리를 실시했다. 이때 중세시대 이후의 로마 구시가지 거리 풍경이 사라지게 되었다.

1918년에 1차 세계대전이 종결된 후 이탈리아에서는 파시스트당의 독재정치가 시작되었다. 정권을 장악한 무솔리니는 로마의 근대화를 내세우며 '로마 개조계획'을 가동했다. 그 내용은 새롭게 정비한 도로를 중심으로 구획정리를 한다는 것이었는데, 권력과시의 의미가 강했다. 로마제국 시대의 영광을 재현하기 위한 기념광장을 설치하기도 했다. 도시계획이 실행되면서 로마는 중세 이후의 거리 일부를 잃었지만, 수도가 되고 발전을 거듭하여 1936년에 인구 100만 명을 돌파했다.

1939년에 2차 세계대전이 시작되자, 이탈리아는 문화재 보호를 주목적으로 로마, 피렌체, 베네치아 등 세 도시를 교전의 의도가 없다는 '무방비도시(비무장도시)'로 선언했다. 이 덕분에 로마는 독일군에 점령당했지만 파괴를 면할 수 있었다. 1945년에 전쟁이 끝난 후 이탈리아는 왕정을 폐지했고 다음 해에 공화정 국가가 되었다. 로마는 계속해서 수도로 남았다.

로마는 '영원의 도시'로 불린다. 이는 단지 고대 로마의 유산을 보존하고 있어서가 아니다. 로마제국의 붕괴 이후 여러 차례 침공을 받아 파괴되었지만, 그때마다 꿋꿋이 재건과 발전을 거듭해왔기 때문에 그런 이름으로 불리는 것이다.

현재의 로마 시가 시간이 흐르면서 테베레강의 양쪽으로 도심이 점점 확대되었다.

바티칸 전경

바티칸(Vatican City)

가톨릭교회의 총본산이 위치한 도시국가

면적 0.44제곱킬로미터의 '세계에서 가장 작은 나라'로 알려져 있는 도시국가 바티칸의 역사는 그리 오래되지 않았다. 1926년, 이탈리아와 로마교황청 사이에 '라테라노 조약'이 체결되어 국가로서 독립을 승인받은 후 비로소 그 역사가 시작되었다.

바티칸의 국가 원수는 로마교황이다. 초대교황으로는 예수 그리스도의 첫 번째 제자인 성 베드로가 추존되었다.

사실 바티칸시 자체의 역사는 매우 유구하다. 756년에 카롤링거왕조의 피핀 3세가 바티칸을 포함한 라벤나 지역을 헌납했을 때부터 로마 가톨릭교회의 총본산으로 자리 잡은 긴 역사를 가졌다. 394년, 성 베드로의 묘 위에 성당이 세워졌고 그 후 여러 차례 개축되었다. 이곳이 세계 최대의 그리스도교 건축물인 성베드로대성당이다. 이 대성당 옆에는 바티칸궁전이 있는데, 여기에 로마교황이 거주하고 있다.

1 DAY

1 CITY

콘스탄티노플

Constantinople

유럽과 아시아가
맞닿은 요충지

현재 이스탄불인 콘스탄티노플은 고대 로마제국, 동로마제국, 오스만제국 등 각 시대별로 지중해의 패권을 장악한 세 대국이 수도로 삼은 곳이다. 그리스인이 처음 건설한 이 도시는 2700년에 가까운 역사 속에서 로마제국의 내분, 십자군 원정, 이슬람세력의 침공 등 수많은 전란을 겪으며 유럽과 아시아문화가 한데 어우러진 도시로 성장했다.

30 DAYS

30 CITIES

현재 국가	터키공화국
인 구	약 1500만 명(2019년 기준)

네 개의 이름을 가진 도시

시대의 변화와 함께 이름을 바꾼 도시는 많다. 그중에서도 현재 터키에 있는 이스탄불은 과거에도 현재에도 유명한 이름들을 가진 도시다. 15세기까지는 콘스탄티노플, 4세기까지는 비잔티움이라 불렸고, 또 한때는 '노바 로마(신로마)'라고 불렸다.

　이스탄불이라는 이름에서 언뜻 '이스턴' 즉 '동방'을 연상할지 모르지만, 이 도시명은 그리스어의 '이스 띠 뽈린(도시로)'이라는 말에서 유래했다. 터키 인근에 사는 그리스인은 동로마제국 시대에 부르던 이름에 따라 현재도 이곳을 그리스풍 호칭인 '콘스탄티누폴리'라고 부른다.

　흑해와 에게해를 잇는 보스포루스해협에 인접한 이스탄불은 옛날부터 유럽과 아시아가 맞닿은 요충지였다. 위도는 북위 약 41도

이스탄불의 위치 이스탄불은 아시아와 유럽을 나누는 보스포루스해협의 양쪽으로 자리 잡고 있다.

로, 한여름의 평균기온은 섭씨 29도, 한겨울은 4도로 비교적 생활하기 좋은 기후다.

기원전 658년, 그리스 메가라족의 비자스왕은 보스포루스해협의 유럽 쪽에 상륙한 뒤 식민도시 비잔티움을 건설했다. 이후 비잔티움은 아케메네스왕조 페르시아의 지배를 거쳤고, 기원전 4세기 이후에는 어느 나라에도 속하지 않은 자치도시가 되었다. 그 뒤 기원전 1세기에 로마제국의 세력권으로 편입되었다.

각별히 공들인 식수 확보

196년, 비잔티움은 로마 황제 셉티미우스 세베루스와 시리아 총독

니게르의 항쟁에 휘말려 황제군에 의해 철저히 파괴되었다. 하지만 몇 년 후 재건되어 시가지는 이전보다 배로 확장되었다.

3세기 말, 로마제국에는 방대한 영토를 동서로 분할해 각각 정제(正帝)와 부제(副帝)가 지배하는 사두정치 체제가 도입되었다. 서쪽 영토를 통치하던 부제 콘스탄티우스 1세의 아들 콘스탄티누스 1세는 각지의 정적을 제압하고 동서를 막론한 유일한 정제가 된 후, 330년에 비잔티움으로 수도를 옮기겠다고 선언했다.

천도 이유는 확실히 밝혀지지 않았다. 하지만 이 무렵 로마제국 경제의 중심지는 사실상 동쪽으로 옮아간 상태였다. 또 콘스탄티누스 1세는 그리스도교 신자였다. 그래서 전통적으로 다신교신앙이 뿌리 깊은 로마를 벗어나 심기일전을 도모한 것으로 보인다. 새로운 수도의 이름은 처음에 노바 로마라고 했지만, 이후 콘스탄티누스의 이름을 따서 바꾸었다. 이때부터 도시명이 라틴어로 '콘스탄티노폴리스', 영어로 '콘스탄티노플'로 굳어졌다.

새로운 수도의 건설에 따라, 주요 건축물이 로마 시내의 일곱 언덕을 본뜬 일곱 군데의 언덕에 배치되었다. 도심 중앙에 건설한 콘스탄티누스 광장을 기점으로 도로망도 정비되었다. 한편 콘스탄티노플은 바다로 둘러싸여 있어 담수를 얻기 어렵다는 문제가 있었다. 그래서 식수 확보를 위해 광장 지하에 거대한 저수조를 만들었다.

375년경에는 도심과 서북쪽 숲에 있는 수원을 잇는 '발렌스 수도교'가 설치되었다. 높이 약 20미터, 길이 1킬로미터가량의 이 다리는 19세기까지 약 1400년 동안 사용되었다.

발렌스 수도교

동방정교회의 중심지

4세기 말에 테오도시우스 황제는 본격적으로 콘스탄티노플을 정비
했다. 성벽과 항만을 건설하고, 성벽에는 도시의 현관문과 같은 황
금문을 만들었다.

　이 시대에 그리스도교가 로마제국의 국교로 인정되었다. 신학자
들 사이에 교리해석을 두고 의견이 분분했지만, 381년에 개최된 '콘
스탄티노플 공의회'에서 신과 예수와 성령의 관계를 정리한 '삼위
일체설'이 정통으로 인정받았다. 그 후에도 콘스탄티노플에서는 그
리스도교 신학의 정통과 이단을 판단하는 공의회가 여러 차례 열렸

다. 테오도시우스 황제의 사후, 로마제국은 동서로 분열되고 콘스탄티노플은 동로마제국의 수도가 되었다. 476년, 서로마제국의 멸망으로 서로마 황제가 공석이 된 이후 유럽은 군웅할거의 시대로 돌입한다. 이렇듯 로마는

공의회가 열렸던 아야이레네성당

쇠퇴해간 반면 콘스탄티노플은 계속적으로 발전하여 4세기에 약 20만 명이던 인구가 5세기에는 50만 명에 달했다.

로마제국의 동부에서는 콘스탄티노플 총주교좌가 중심적인 교회가 되었다. 360년에 총주교좌가 있는 '아야소피아(성스러운 지혜)성당'이 창건되었는데, 이후 화재로 소실되었다가 재건되었다. 하지만 6세기에 유스티니아누스 1세의 통치에 불만을 품은 시민들이 '니카의 반란'을 일으켜 다시 파괴되었다. 537년, 두 번째 재건 때 아야소피아는 직경 22미터의 거대 돔을 갖춘 건축물로 재탄생했다. 규모나 형상에서 이전까지 로마제국에서 전례가 없던 모습이었다. 건물 본체는 벽돌로, 내부 벽은 모두 대리석으로 장식되었다.

7세기경 동로마제국에서는 지배계급과 주민 모두 로마인이 아닌 그리스인이 대다수를 차지하면서, 그리스어를 공용어로 사용하게 되었다. 콘스탄티노플은 동쪽의 이슬람세력과 충돌을 반복하면서도

아야소피아성당

지중해 무역의 거점으로서 계속 번영했다. 이와 더불어 고대 그리스 철학과 그리스도교를 융합시킨 독자적인 신학, 그리스의 조각이나 회화와 그리스도교의 미술이 융합한 비잔틴미술이 발달했다.

8세기에 들어서자, 유럽 각국에 영향력을 가진 로마교회와 콘스탄티노플교회가 교리 해석을 둘러싸고 충돌했다. 결국 11세기에 로마·가톨릭교회와 동방정교회의 분열이 발생했다. 이후 유럽에서 십자군 원정이 시작되자, 이탈리아반도의 베네치아와 제노바의 상인들이 지중해의 운항과 통상을 주도했다. 이들은 콘스탄티노플을 중심으로 한 동로마제국의 제해권과 무역 이권을 위협했다.

1204년에는 베네치아 상인에게 선동당한 4차 십자군이 콘스탄티노플을 점령하는 사건이 일어났다. 이들은 현재의 벨기에와 프랑스 북부를 다스리던 플랑드르 백작을 황제로 내세워 라틴제국을 건국했다. 동로마제국은 동방의 아나톨리아반도에 있는 니케아(니카이아)로 옮겨갔다가 1261년에 수도를 다시 탈환했다.

이렇듯 혼란을 거듭하던 와중에 이슬람세력인 투르크계의 셀주크왕조가 침공하자, 동로마제국은 급속히 쇠퇴했다.

대규모 함대를 이끌고 산을 넘은 군사작전

14세기 지중해 동부에서는 셀주크왕조가 무너지고 오스만제국이 세력을 확장했다. 오스만제국의 메메트 2세는 1453년에 약 8만 명의 군사를 이끌고 콘스탄티노플을 공략하기 시작했다. 동로마제국은 폭이 약 800미터에 이르는, 보스포루스해협의 금각만(灣)에 굵은 쇠사슬을 쳐서 적함이 침입할 수 없도록 봉쇄했다. 바닷길로 진입이 불가능해지자, 메메트 2세는 오스만제국군에게 72척의 함대를 육로로 옮기라는 명령을 내렸다. 결국 이들은 대규모 함대를 끌고 해발 60미터의 갈라타 언덕을 넘어 해협으로 들어가, 난공불락의 도시 콘스탄티노플을 함락했다.

오스만제국의 지배하에서는 콘스탄티노플이라는 이름은 사용하지 않게 되었다. 1457년경부터 앞서 언급한 그리스인의 구어 표현에서 유래한 '이스탄불'이라는 호칭이 정착되었다.

오스만제국은 시내의 많은 그리스도교회를 모스크로 고쳤는데,

그 과정에서 아야소피아에 있던 그리스도상 모자이크화는 회반죽으로 덧칠했다. 다만 동방정교회의 총주교좌는 계속해서 그대로 시내에 두었고, 17세기 이후에 구시가지 북부의 성게오르기오스대성당으로 옮기도록 했다.

1478년에는 황제가 머무는 톱카프궁전('대포의 문'이라는 의미)이 완공되었다. 부지 면적이 무려 70만 제곱미터에 이르는 이 궁전은 이후에도 계속 증개축을 반복하면서 중동과 유럽의 건축양식이 섞

톱카프궁전

인 독특한 건물이 되었다. 오스만제국은 지중해와 발칸반도의 패권을 둘러싸고 신성로마제국과 대립하며 프랑스와 동맹을 맺었다. 이 때문에 모스크나 궁전의 내부 장식에 프랑스에서 도입한 바로크양식의 장식도 사용되었다.

유럽인도 환대받았던 이슬람 도시

오스만제국의 최전성기를 구축한 술탄은 1520년에 즉위한 술레이만 1세다. 명소로 꼽히는 술레이마니에 모스크는 그의 이름을 딴 것으로, 1557년 이스탄불의 중심부에 건설되었다. 높이 54미터, 직경 27미터나 되는 거대 돔을 만들고 건물을 에워싸는 네 개의 첨탑(미나레트) 표면도 치밀하게 장식했다. 이 모스크를 설계한 건축가 미마르 시난은 같은 시기에 이탈리아에서 활약한 미켈란젤로와 어깨를 나란히 한 천재로 꼽힌다. 오스만제국에는 우수한 그리스도교도의 아들을 이슬람교로 개종시켜 고급관리나 '예니체리'라 불리는 황제직속의 엘리트 군인으로 육성하는 제도가 있었다. 시난도 원래는 그리스교도 집안의 그리스인이었다.

술레이만 1세

1616년에는 시난의 문하생인 메메트 아아가 건축을 담당한 술탄 아흐메트 모스

술탄 아흐메트 모스크

크(통칭 '블루 모스크')가 완성되었다. 통상적으로 모스크에는 건물을 둘러싼 첨탑을 네 개까지 만든다. 하지만 이 모스크에는 여섯 개를 세웠는데, 이스탄불이 이슬람세계의 중심이라는 점을 알리기 위해 성지 메카에 있는 모스크보다 더 많은 첨탑을 세운 것이다.

술레이만 1세는 다른 민족의 다양한 종교활동을 보호했다. 그래서 이스탄불에는 지배민족인 투르크인과 기존에 거주하던 그리스인, 유대인, 불가리아인, 셀비아인 외에도 발칸반도의 여러 민족, 오스만제국 통치하의 아랍인, 아프리카 북부의 흑인 등 다양한 민족과 인종이 유입되었다. 프랑스나 영국의 상인들은 이스탄불에서 자유로이 활동할 수 있는 통상특권을 부여받았고, 유럽 각국이 금각만의 갈라타지구에 거류지를 건설했다.

16세기에 이스탄불의 인구는 70만 명에 달했다. 로마제국 시대부터 이어진 공중목욕탕뿐 아니라 카페가 사교의 장 역할을 했다. 또 지중해의 어패류나 올리브를 사용한 그리스 요리와 요구르트 등 유제품과 양고기를 사용한 터키 요리가 융합하여 풍부한 식문화가 발달하게 되었다.

21세기에도 동서를 잇는 요충지

17세기 이후에 서구 국가들의 주요 교역활동 무대는 지중해에서 대서양으로 옮아갔다. 이에 따라 자연스럽게 지중해 도시의 중요도는 낮아졌지만, 이스탄불은 여전히 중동 진출의 거점으로서 주목받았다. 1883년에는 이스탄불에서 독일의 뮌헨, 프랑스의 파리를 잇는 오리엔트 급행열차가 운행되기 시작했다.

오스만제국이 1차 세계대전에서 패하자 영국, 프랑스, 그리스 등 연합국이 이스탄불을 점령했지만, 케말 아타튀르크 등이 이끄는 국민군이 맞서 싸워 연합군을 물리쳤다. 하지만 황제의 권위는 실추되었고 결국 오스만제국은 해체되었다. 1923년, 터키공화국이 수립

현재 이스탄불의 중심가 구시가지에는 궁전과 모스크 등 역사상 중요한 건축물이 많다.

됐고 초대 대통령에 취임한 아타튀르크는 마치 콘스탄티누스 1세가 천도로 심기일전을 도모했듯이 대국민의회가 있던 아나톨리아반도 내륙의 앙카라로 수도를 옮겼다.

이로써 이스탄불은 수도 자리를 내주게 되었지만 터키 최대 인구의 상업도시로 자리 잡았다. 현재 이스탄불은 유럽지구의 베이올루, 에미뇌뉘, 파티흐와 아시아지구의 위스퀴다르, 카디쿄이 지역으로 나뉜다. 이스탄불의 구시가지는 파티흐구에 속한다.

로마제국에서부터 오스만제국까지 각 시대의 건축물이 한데 어우러진 이스탄불은 전 세계 관광객들에게 인기가 높다. 흑해에서 지중해로 나가는 러시아나 우크라이나의 선박 등을 포함해, 보스포루스해협에서는 연간 약 4만 척의 배가 운항하고 있다. 1973년에는 이스탄불의 유럽지구와 아시아지구를 잇는 전체 길이 1560미터

의 보스포루스 대교(공식 명칭은 '7월 15일 순교자 다리')가 완성되었고,
2011년에는 유라시아 해저터널도 개통되었다. 이스탄불은 지금도
변함없이 유럽과 아시아를 잇는 교통상의 중요한 요충지 역할을 하
고 있다.

08

장안

長安

수많은 왕조가 흥망을 거듭한
수도의 대명사

현재 산시성 시안시인 장안은 전한 시대부터 오랫동안 수많은 중국왕
조의 수도 역할을 했다. 치밀한 도시계획하에 정돈된 장안은 당대 최고
의 거대도시로, 동아시아 국가들 사이에서 선망의 대상이었다.
주나라, 진나라의 도읍도 자리했던 장안 일대에는 당나라가 멸망할 때
까지의 중국사가 고스란히 응축되어 있다.
광대한 중국 영토 중에서도 장안과 그 주변지역이 수도로 거듭 선택된
이유는 무엇일까?

현재 국가	중화인민공화국
인 구	약 1200만 명(2019년 기준)

천연요새로 지켜진 땅

지금은 충칭이나 상하이 등 양쯔강 유역의 도시들이 눈부신 발전을 이루고 있지만, 고대부터 중세까지는 황허강 중류, 즉 중원지역의 도시들이 역사의 주요 무대였다. 그중에서도 대표적인 도시가 바로 장안이다.

장안 일대는 황허강의 지류 웨이수이강이 흐르는 분지다. 최초로 이 지역을 수도로 삼은 나라는 주나라다. 기원전 11세기경, 주왕조(서주 시대)는 호경(현재 시안시 서남쪽 근교)을 수도로 정했다. 이 일대의 지리적 환경이 군사적·경제적 요건을 충족했기 때문이다. 북쪽을 흐르는 웨이수이강과 남쪽으로 이어지는 2000~3000미터 높이의 친링산맥은 천연요새의 역할을 했고, 비옥한 토질은 농업에 적합했다.

이후 주나라는 기원전 770년경에 황허강 중류지역의 고대도시 낙읍(현재의 허난성 뤄양시 서쪽)으로 천도했다(동주 시대). 이 무렵부터 주나라는 급속히 쇠퇴했고, 중국대륙은 기원전 3세기 후반까지 분쟁과 분열을 반복하는 춘추전국시대에 돌입한다. 당시 현재의 시안 북서쪽에 수도를 정한 나라는 전국시대에 강력한 세력을 형성한 전국7웅 중 하나인 진나라다. 기원전 4세기에 웨이수이강 북쪽 연안의 셴양(함양)을 수도로 삼은 진나라는 기원전 3세기에 동주와 여섯 나라를 잇따라 멸망시키고, 기원전 221년 마침내 역사상 최초로 중국대륙을 통일했다.

통일에 성공한 시황제는 부호(富豪) 12만 가구를 셴양으로 이주시키고 인구를 늘려 도시를 확장하려는 계획을 세웠다. 하지만 셴양의 북쪽은 고원지대였기 때문에 더는 진출할 수 없었다. 그러자 이전 시대부터 새로운 왕조는 새 왕궁을 건설했고, 무엇보다 셴양이 주나라와 관련한 유서 깊은 땅이라는 점을 이유로 들어 웨이수이강 남쪽 연안에 아방궁을 건설했다. 이에 따라 도시 면적이 확대되어 웨이수이강이 셴양의 동서를 가로지르게 되었다.

시황제릉이 조성된 시기도 이 무렵이다. 20세기에 진시황릉 주변에서 수많은 도제 인마상과 병마용이 발견되

진시황제

병마용갱

어 세계문화유산으로 등록되었고, 현재 시안 부근의 유명한 관광명
소가 되었다.

몰락과 부흥을 되풀이하다

시황제가 사망한 후 진나라 각지에서 반란이 일어났고, 진나라는 통
일의 대업을 이룬 지 15년 만에 붕괴했다. 셴양은 진에 의해 멸망했
던 초나라의 장군 항우에 의해 초토화되었다. 이어 초한전쟁에서 항
우에게 승리한 농민 출신 유방은 한왕조(전한)를 세우고 수백 년간
이어온 동주의 옛 수도 낙양(현재의 뤄양시)에 수도를 세우고자 했다.
하지만 신하들은 동쪽에 함곡관, 서쪽에 산관, 남쪽에 무관, 북쪽에
소관 등 네 관문으로 둘러싸인 한중(웨이수이강 분지)지역이 방어력

과 높은 농업생산력을 갖춘 땅이라고 주청했다. 한나라 고조 유방은 신하들의 진언을 받아들여 시황제가 웨이수이강 남쪽으로 확장한 셴양 자리에 수도 장안을 건설했다. 진나라 시대 옛 지명에서 유래한 장안의 이름은 '영원히 평안하다(長安)'는 뜻을 담고 있다. 즉 '영원한 도시'를 의미하는 것이다.

이후 한왕조는 진나라 시대의 별궁을 증축하고 새 궁전도 더 지어 2대 황제 혜제 때 성벽을 완성했다. 이로써 장안은 수도로서 제 모습을 갖추게 되었다.

하지만 당초 셴양의 남부를 중심으로 수도를 정비했기 때문에, 궁궐이 장안의 남단에 위치하고 북쪽을 향해 도시가 펼쳐지는 독특한 구조가 되었다. 성벽도 웨이수이강과 지형의 영향으로 균형이 맞지 않았다. 장안의 성벽은 북벽은 북두성, 남벽은 남두성을 닮았다고 해서 '두성(斗城)'이라 불리기도 했다. 처음부터 계획적으로 만들어진 도시가 아니어서 궁궐 주변의 빈 공간에 관청을 짓고, 또 그 주위에 관리들의 숙소를 짓는 등 건물 배치도 잡다했다.

기원후 1세기가 되자, 정치 실권을 장악한 외척 왕망이 한나라를 멸망시키고 신나라를 건국했다. 하지만 신나라는 반란으로 곧바

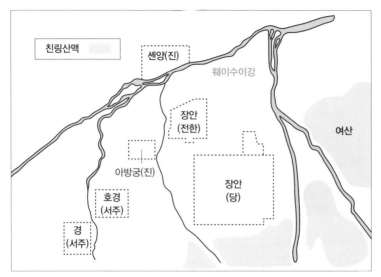

친링산맥

센양(진)

웨이수이강

장안
(전한)

여산

아방궁(진)

호경
(서주)

장안
(당)

경
(서주)

웨이수이강 주변에 자리 잡은 도읍지 주나라에서 당나라에 이르는 여러 왕조가 웨이수이강과 그
지류 주변 도시를 수도로 정했다.

로 무너졌고, 동란을 수습한 유수(광무제)가 후한을 건국하여 낙양을
수도로 정했다. 그 배경을 두고는 낙양이 신성한 땅이기 때문이라는
주장, 낙양 주변에 광무제의 권력기반이 있었다는 주장, 장안이 황
폐화해서라는 주장 등 여러 설이 있다.

신왕조 말기 내란으로 폐허가 된 장안은 후한 시대에 점차 활기
를 되찾았다. 후한 말 혼란기에는 권신 동탁이 어린 황제 헌제를 마
음대로 주무르며 무작정 장안으로 천도를 감행했다. 하지만 곧 권세
를 휘두르던 동탁이 살해당하고, 장안은 동탁의 부하 무장들에 의해
참혹하게 파괴되었다.

후한이 멸망하자 3세기 중반에 여러 왕조가 흥망성쇠를 거듭하

는 위진남북조시대를 맞았다. 장안은 삼국시대에 위나라의 주둔지가 되었고, 주로 북방 유목민족이 세운 왕조들이 난립한 오호십육국시대 그리고 남북에 왕조가 병립한 남북조시대에도 도성 역할을 했다.

지배의 정당화를 위한 주도면밀한 도시계획

남북조시대에 북주는 장안을 수도로 정했는데, 황실의 외척이던 양견이 6세기에 제위를 양위받아 수나라를 건국했다. 수 문제(양견)는 자신의 작위였던 대흥군공에서 이름을 딴 '대흥성'으로 개칭하여 장안을 수도로 삼았고, 전한 시대부터 이어진 장안 도심에서 동남쪽으로 약 10킬로미터 떨어진 지역에 새롭게 도시를 건설했다.

옛 장안은 건축물의 노후화, 토양 염화현상으로 인한 생활용수 확보의 어려움, 저지대라는 지형적 조건으로 인해 자주 발생하는 수해 등 여러 문제가 있어 수도로서 조건이 좋지 않았다. 또 이민족의 침입이나 인구증가에 대비해 군사와 치안 기능을 강화할 필요도 있었다. 그래서 친링산맥의 풍부한 물을 이용할 수 있는 구릉지대에 새로운 수도를 조성한 것이다.

옛 장안과는 대조적으로 대흥성은 계획도시로 건설되었다. 우선 중앙 북단에 황궁, 그 남쪽에 관청들이 늘어선 황성을 짓고 성벽으로 에워쌌다. 그리고 황성의 남단부터 폭이 약 150미터에 달하는 주작대로를 남쪽으로 4킬로미터가량 길게 뻗게 했다. 동서 양쪽으로는 시장을 설치하고, 주작대로를 중심축으로 좌우가 완전히 대칭하는 거리를 건설했다. 거리는 벽과 문을 갖춘 작은 도시와 같은 110개의 구획인 '방(坊)'으로 나누었고, 그 안에 집과 사원 등을 건축했다. 또 바둑판처럼 반듯하게 정비된 거리의 외곽을 높이 5미터 정도의 성벽으로 에워쌌다.

또한 태양의 운행과 북극성의 관찰 등에 의해 방위를 측정하고, 남북의 중심축과 궁성의 위치를 결정한 후 황성과 나머지 거리를 조

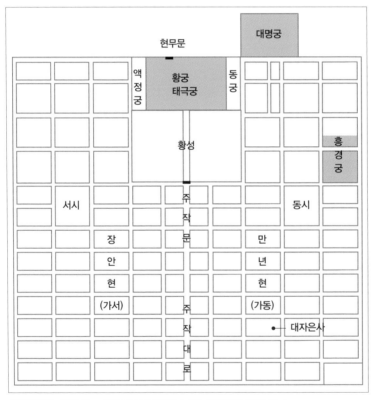

장안의 구조 장안성은 고대중국의 풍수사상을 토대로 계획적으로 만들어졌다.

성했다. 외곽 성벽 공사는 수나라 2대 황제인 수양제 시대에 시작하여 당나라 3대 황제인 고종 때 비로소 완성되었다.

이토록 거대한 도시를 건설한 이유는 수왕조의 기원과 관련된 것으로 보인다. 북조를 이은 수나라 황제의 선조는 수렵유목민인 선비족으로 추정된다. 그런데 한족 황제가 다스린 남조는 한나라부터 이어진 중국 고전문화를 계승했다며 왕권의 정통성을 주장했다. 이런 상황에서 남조를 무너뜨리고 남북을 통일한 문제는, 수나라의 지배를 정당화하기 위해 중국에서 예로부터 전해 내려오는 전통사상을 담은 새 수도를 계획한 것이다.

문제는 대흥성 건설에 음양사상을 토대로 한 좌우대칭의 배치나 유교가 중시하는 경전 『주례』에 기록된 이상적인 도시계획 등을 반영하고자 했다. 남북의 중심축 위에 놓인 궁성은 그곳에 거처하는 황제가 질서의 근원임을 의미했다. 한편, 『주례』에 담긴 이상적인 도시는 궁성이 도시의 중앙에 위치하지만, 대흥성에서는 중앙 북단에 위치하고 있었다. 그 이유가 북극성을 하늘의 중심으로 절대시한 사상 때문이라는 설도 있고, 남북축을 이용한 의례를 행하기 위해서라는 설도 있다.

문화의 용광로였던 도시

618년, 수나라가 건국한 지 37년 만에 멸망하고 이연(고조)이 당나라를 세웠다. 당은 대흥성을 그대로 이어받아 장안으로 이름을 바꾸고 수도로 정했다. 당시의 장안은 주변국들에게 좋은 모범이 되었다. 일본에서는 장안을 모방해서 헤이조쿄(현재의 교토)를 만들었는데, 그 규모는 장안의 4분의 1 정도였다.

당나라 시대에는 장안에 두 궁전이 추가되었다. 저지대에 위치한 궁성에서 염해가 발생하여 수질이 악화한 점 등을 이유로, 7세기 전반부터 중반에 걸쳐 궁성의 동북쪽에 위치한 고지대에 두 번째 궁전인 대명궁을 건설했고, 8세기 전반 현종 시대에는 동시(동쪽 저잣거리) 근처에 세 번째 궁전인 흥경궁을 건설했다.

새 궁전들은 좌우대칭이 정연한 도시계획을 무너뜨렸을 뿐 아니라 거주민의 주거환경에도 영향을 미쳤다. 대명궁과 흥경궁에 가까운 가동(동쪽 시가지) 북부부터 중부에 걸쳐 관인이 모여 살기 시작했고, 동시와 그 주변에는 관인들을 주 고객으로 삼은 고급 상점가가 형성되었다. 대조적으로 가서(서쪽 시가지)에는 서시(서쪽 저잣거리)를 중심으로 서민촌이 형성되어 소규모 점포가 늘어섰다. 가동에 사는 관인들 중에는 자연이 풍부한 가서 지역 중남부에 별장을 보유한 이도 있었다.

7세기에 당나라는 유목민 국가인 돌궐을 무찔렀다. 이를 계기로 서역 오아시스 도시를 정복하고 실크로드의 요충지를 확보했고, 장안은 명실상부한 국제도시로 발전했다. 각국에서 조공사절과 수많은 상인이 모여들었다. 특히 이란계 사산왕조가 멸망했을 때 많은 페르시아인이 이주해와서 가서 지역에 서역인 거주지역이 따로 생길 정도였다.

장안에는 불교와 도교뿐만 아니라 조로아스터교, 그리스도교 일파인 경교, 마니교 등 다양한 종교를 위한 사원이 건립되었다. 그중에 특히 많았던 사원은 절이다. 중국 소설 『서유기』에 등장하는 삼장법사의 모델인 현장법사가 서역에서 불전을 가지고 돌아오자, 이를 보관하기 위해 대자은사에는 대안탑(다옌타)이 세워지기도 했다. 7층 전탑(甎塔)인 이 대안탑 위에 오르면 시내를 한눈에 바라볼 수 있다.

한편 청룡사에는 일본인 승려 구카이가 유학하였는데, 그는 당시 장안 불교계에서 밀교를 수학하고 일본으로 돌아간 후에 진언종을 개창했다. 또한 일본에서 견당사로 파견된 아베노 나카마로가 당 현종에게 능력을 인정받고 활약한 무대도 장안이다. 아베노는 귀국하지 못하고 장안에서 생을 마감했다.

당나라 최전성기를 맞이한 현종 시대에 장안의 인구는 약 100만 명이었다고 한다. 하지만 현종에게 총애받던 양귀비를 등에 업고 양귀비 일족이 실권을 장악하자, 이에 대한 반발로 '안사의 난'이 일어났고 당은 급격히 쇠퇴했다.

서북지역의 중요한 거점

755년에 시작된 안사의 난은 8년 후 진압되었지만 혼란스러운 정국이 이어졌고, 875년에 다시 '황소의 난'이 발생했다. 난을 일으킨 황소군의 간부였던 주온(주전충)은 당왕조에 투항한 뒤 요직에 올라 실권을 장악했다. 주전충은 낙양으로 천도할 것을 주장하여, 장안의 왕궁과 관청, 주택을 허물고 건축자재를 웨이수이강에서 황허강을 거쳐 낙양으로 운반하여 신도시 건설에 이용했다. 황제와 백성들도 모두 낙양으로 옮겨간 후 장안은 폐허가 되었고, 당나라는 멸망했다.

주전충이 황허강에 인접한 변경(현재의 카이펑)을 수도로 삼고 후량을 건국한 뒤 중국은 여러 왕조가 흥망을 거듭하는 오대십국시대를 맞이한다. 10세기 중반에는 카이펑을 중심으로 건국한 송(북송)이 여진족의 금나라에 쫓겨 남하해서, 임안(현재의 항저우시)을 거점으로 왕조(남송)를 재건했다. 이후 강남지역의 개발이 진행되어 중국 경제의 중심은 장안 주변에서 동남지역으로 옮겨갔다.

송나라 시대 이후 장안은 지방 도시의 하나로 전락했다. 당대 말기에 보수된 황성은 원나라 시대에 '서북지역을 안정시킨다'는 바람이 담긴 '안서성', '원을 높이 받든다'는 의미의 '봉원성'이란 이름으로 차례로 바뀌며 중국 서북부의 군사거점이 되었다. 13세기에는 후에 『동방견문록』을 쓴 마르코 폴로도 장안을 방문했다.

1368년에 주원장(홍무제)이 명을 건국한 뒤에 그의 차남이 옛 장안 일대를 통치했는데, 그때부터 오늘날의 호칭인 '시안'이라고 부르게 되었다. 이 이름에는 원대의 안서성과 마찬가지로 '서쪽지역을 편안히 한다'는 의미와 바람이 담겨 있다. 지금도 남아 있는 서벽과

종루

고루

──────────────────────────────────→ 장안

남벽에서 당나라 시대의 자취를 볼 수 있지만, 동벽과 북벽은 명나라 때 증개축한 것이다. 현재 시안의 상징이 된 종루와 고루도 명대에 세워졌다.

20세기에 접어들어 1936년에 '시안사건'이 일어났다. 당시는 공산당과 국민당이 계속 내전을 벌이던 시기였는데, 국민당의 장쉐량이 장제스 총사령관을 감금한 뒤 내전

시안사건 당신의 장쉐량(왼쪽)과 장제스(오른쪽)

정지와 항일전 참전을 요구한 것이다. 이 사건을 계기로 중국에서는 일본에 대한 저항운동, 즉 '항일민족통일전선'이 결성되었다. 이듬해에 시작된 중일전쟁 때 장제스가 이끄는 국민군이 일본군의 침공을 저지하기 위해 황허강을 인공적으로 범람시켰는데, 이때 이재민 일부가 옛 대명궁 유적에 들어가 살기도 했다.

현재의 시안은 중국 서북지방의 경제와 산업의 중심 도시이자 산시성의 성청 소재지다. 장안은 이렇듯 매우 유서 깊은 역사를 품고 있어 중국 6대 고도로 꼽히고 있다.

바그다드
Baghdad

이슬람제국의 최전성기를
구축한 '평안의 도시'

대부분 사막인 아랍 땅에서 티그리스강과 유프라테스강을 잇는 운하로 둘러싸인 바그다드는 동서의 다양한 사람과 상품이 모이는 수상도시로 발전했다.
아바스왕조의 수도로 번성한 바그다드는 이후 몽골제국을 비롯한 영국, 미국 등 강대국에 번갈아 침략당하기도 했지만, 현재 이라크의 수도이며 중동의 대표적인 대도시로 손꼽힌다.

현재 국가	이라크공화국
인 구	약 722만 명(2019년 기준)

'신에 의해 건설된 도시'

티그리스강을 따라 펼쳐진 이라크 평원의 중앙에 위치한 바그다드는 고대 바빌로니아왕국의 수도 바빌론에서 북쪽으로 약 90킬로미터 떨어진 곳에 있다. 이라크의 대부분 지역은 여름 기온이 섭씨 50도에 가까운 사막기후지만, 바그다드를 포함한 티그리스 강가는 고대에 '사와드'라고 불렸던 비옥한 충적평야다.

고대 메소포타미아 지역에서 유목이나 상업활동에 종사한 아랍인이 기원전 8세기경부터 집락을 형성했고, 그 이후 바그다드는 3~7세기에 중동을 지배한 사산왕조 페르시아의 농산물 집적지가 되었다. 바그다드라는 지명은 당시 페르시아어로 '신에 의해 건설된 도시'를 의미한다.

원형 성곽의 도시

610년, 아랍족 출신 무함마드가 이슬람교를 창시하자 이슬람교단 조직이 사산왕조를 대신해서 아라비아 일대를 지배하게 되었다. 무함마드의 후계자인 '칼리프'는 합의로 선출했다.

5대 칼리프 무아위야 일족은 시리아의 다마스쿠스를 중심으로 우마이야왕조를 세웠다. 한편, 4대 칼리프인 알리 일족을 지지하는 세력은 시아파라 불리며 다수파인 수니파와 대립하게 된다.

우마이야왕조에서는 아랍족이 권력을 독점했기 때문에 페르시아인을 비롯한 다른 민족의 반발이 거세졌다. 결국 750년에 우마이야왕조는 아불 아바스에 의해 무너지고 아바스왕조가 탄생했다. 아바스왕조는 당초 유프라테스 강가에 위치한 쿠파를 수도로 삼았다.

아바스왕조와 그 주변국 바그다드는 콘스탄티노플, 장안과 같은 대도시와 비슷한 시기에 번성했다.

하지만 같은 땅을 거점으로 한 시아파세력과 정쟁이 발생하자, 아바스왕조 2대 칼리프인 만수르는 천도를 결심했다.

만수르는 여러 후보지 중에서 티그리스강을 끼고 있는 바그다드를 선택했다. 하천을 통한 물적 유통이 편리한 데다 군사 주둔지로서 안전하다고 판단했기 때문이다. 새로운 수도의 건설은 762년에 시작됐는데, 모두 약 10만 명의 노동력이 동원되었다.

767년에 수도 건설이 마무리되고 바그다드는 '평안의 도시(마디나 아살람)'로 불리게 되었다. 도시는 삼중으로 된 직경 약 2.35킬로미터의 원형 성벽으로 에워쌌는데, 중심 벽의 높이가 약 34미터나 되었다. 성벽을 쌓은 재료는 한 변의 길이가 50센티미터인 벽돌이었다. 주로 햇볕에 말린 벽돌을 사용했는데, 아무래도 구워서 굳힌 소성벽돌보다 내구성이 낮은 탓인지 현재 성벽은 잔해도 거의 남아 있지 않다.

훗날 건설된 이슬람국가의 도시들은 육각형 또는 팔각형 구조가 많다. 그런데 바그다드는 고대 메소포타미아의 도시를 본떠 원형 성곽을 만든 것으로 보인다.

아바스왕조는 신도들 간의 평등을 주장한 이슬람교의 교의에 따라 등용에 차별을 두지 않았다. 수도 바그다드를 건설할 때도 페르시아인 건축기사를 참여시켜 왕궁의 중정 배치 등에 페르시아의 건축양식이 반영되도록 했다.

직경 약 1.8킬로미터의 중앙광장에는 궁전과 모스크를 건축했는데, 궁전은 천구를 본뜬 녹색 돔으로 덮여 있었다고 한다. 이후 이슬

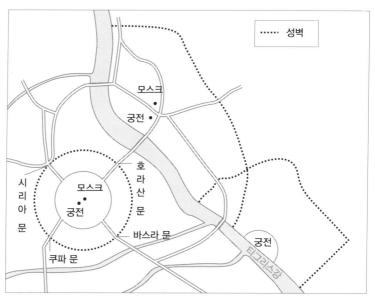

8~12세기의 바그다드 시가지 궁전은 티그리스강 서쪽에서 점차 동쪽으로 옮겨갔다.

람 도시에서는 중앙에 모스크를 배치하고 그 주위에 시장이 펼쳐지 도록 하는 구조가 일반적인 형식이 된다. 하지만 바그다드에서는 치안 유지를 고려해서 시장이나 서민의 주거지는 성벽 밖에 만들고, 성의 내부에는 왕족이나 고위 군인만 거주했다.

동서에서 유입된 문물

원형 성곽 도시는 피자를 나눠 자른 모양과 같이 중앙광장에서부터 네 군데로 뻗은 큰길에 의해 사등분되었다.

네 개의 큰길 끝에 있는 성문에는 각기 다른 곳으로 향하는 길이 이어져 있었다. 동북쪽의 '호라산 문'은 페르시아나 중국대륙으로, 동남쪽의 '바스라 문'은 티그리스강을 경유해서 인도양으로 뻗어나 갔다. 그리고 서북쪽의 '시리아 문'은 지중해 연안의 그리스나 북아 프리카로, 서남쪽의 '쿠파 문'은 아라비아반도에서 이슬람교의 성지 메카로 이어졌다.

아바스왕조는 시가지의 바깥을 에워싸듯이 티그리스강과 유프 라테스강을 잇는 운하들을 만들어 선박을 이용한 물자 이송이나 농 업용수로 활용했다.

중세의 바그다드는 서양의 동로마제국과 동양의 당나라를 연결 하는 실크로드의 요충지였다. 이 도시는 이른바 '세계의 십자로'라 불리며 수많은 상인과 물자가 모여드는 곳으로 유명했다. 아바스왕 조는 상업발전을 촉진하기 위해 시장세를 징수하지 않았다.

중국대륙과 동남아시아에서는 도자기·견직물·향료, 인도에서는 철, 중앙아시아에서는 유리·직물의 상품을 수출했다. 이 외에도 동 유럽에서 온 벌꿀·호박(보석)·모피·노예, 아프리카대륙에서 온 상아 등 다양한 상품이 바그다드의 시장으로 흘러들었다. 이에 시장에서 는 중앙아시아의 면직물업자나 북아프리카의 노예상인과 같은 식으 로 구분하여 직업과 출신지에 따른 구획을 설치하기도 했다.

바그다드는 아랍인을 비롯해 유대인, 페르시아인, 북아프리카의 베르베르인 등 여러 인종과 민족이 드나드는 국제도시였다. 만수르 는 영토 내의 주요도시를 파발형식의 연락망으로 묶어, 각지의 사정

「천일야화」 원본

을 칼리프에게 전하는 정보 전달망을 구축했다. 이로 인해 바그다드는 중동, 지중해 연안, 아시아 각국의 동향이나 풍속 및 전승 등 온갖 정보가 한데 모이는 장소가 되었다. 이것이 훗날 『천일야화(아라비안나이트)』 속 다양한 이야기의 원형이 되었다고 해도 과언이 아니다.

786년에는 아바스왕조 5대 칼리프 하룬 알 라시드가 즉위하여 왕조의 최전성기를 이끌었다. 당시 바그다드의 인구는 100만~200만 명에 달했는데, 같은 시기 동로마제국의 수도 콘스탄티노플의 인구가 약 30만 명에 불과했다는 사실을 상기하면 그 규모를 짐작할 수 있을 것이다. 바그다드는 당나라의 장안과 함께 당대 세계 최대의 도시였다.

이슬람교에서는 신체를 청결하게 유지하는 것을 의무화했는데, 목욕탕이 있는 주택이 많지 않아 대도시의 하맘(공중목욕탕)이 시민들의 사교장이 되었다. 로마제국의 공중목욕탕과 마찬가지로 사우나와 같은 증기탕이 있었으며, 하룬의 시대에는 바그다드에만 무려 약 3만 개의 하맘이 있었다고 한다.

하룬은 문화와 예술의 진흥에도 힘썼다. 그는 이집트 알렉산드리아의 도서관에서 천문학, 수학, 건축학, 철학, 의학 등 동로마제국의 문헌을 수집해서 바그다드에 대규모의 도서관을 세웠다. 이 도서관은 하룬의 아들인 알 아민 시대에 확충되어 '지혜의 전당'이라 불렸고, 중동 각지의 학자들이 이곳으로 모여들었다. 11~13세기에는 이슬람권의 영토를 침공한 십자군을 통해 고대 그리스·로마의 학술이 서구세계로 역수입되어 확산되었다.

오스만제국에 의한 부활

바그다드는 원형 성벽으로 둘러싸여 인구가 증가해도 도시를 확장할 수 없다는 문제점을 안고 있었다. 하룬의 사후, 813년에 이어진 내란으로 성벽이 파괴되고 도시의 중심은 티그리스강의 동쪽으로 옮겨졌다. 8대 칼리프 알 무타심 시대에는 투르크인 용병의 수가 급증했고, 바그다드에서 북쪽으로 100킬로미터쯤 떨어진 사마라에 새로운 왕성을 건설했다.

10세기에 접어들자 아바스왕조의 세력이 약해지면서 각지에서 유력자들이 잇따라 독립하고, 북아프리카에서는 카이로를 중심으로 한 파티마왕조가 새롭게 자리 잡았다. 점점 쇠퇴하던 아바스왕조는 1258년에 몽골제국의 침략을 받았고, 이때 바그다드는 철저하게 파괴되었다. 이 때문에 아바스왕조의 성벽과 도로, 건축물 등은 남아 있는 것이 거의 없다.

이후 16세기에는 투르크계 오스만왕조가 중동 이슬람세계의 대부분을 지배하게 되어 바그다드를 재건했다. 종종 사파비왕조 페르시아가 침공했지만, 오스만왕조는 그때마다 그들을 물리치며 끝까지 바그다드를 지켜냈다.

과거의 활기를 되찾다

19세기 말, 중동에서 세력 확대를 도모하는 영국에 대항하여, 독일은 자국과 페르시아만을 연결할 수 있는 요충지로서 바그다드를 주목했다. 그리고 베를린, 비잔티움, 바그다드를 잇는 바그다드철도

1958년 이라크 혁명 당시

부설을 계획했다.

독일이 바그다드철도를 건설하던 중인 1914년에 1차 세계대전이 발발하자, 영국은 이라크를 침공하고 바그다드를 점령했다. 1차 세계대전 종결 후 이라크의 아랍족은 오스만제국으로부터 독립할 뜻을 굳히고 1921년에 바그다드를 수도로 하는 이라크왕국을 건국했다. 하지만 영국을 추종하는 왕실에 대한 국민의 반발이 거세져 1958년에 혁명이 일어났고, 결국 왕정이 무너지고 이라크공화국이 수립되었다.

혁명을 전후해서 살펴보면, 1947년에 약 50만 명이었던 바그다드의 인구가 1965년에는 150만 명까지 크게 늘었다. 석유산업의 발전으로 일자리가 늘어나자 인근 농민이 대거 유입되었기 때문이다.

21세기에 접어든 이래 바그다드는 2003년의 이라크전쟁, 테러조직 ISIL(이라크-레반트 이슬람국가)과의 항쟁으로 피해를 입었고 치안도 크게 악화되었다. 하지만 ISIL의 영향력이 약화된 이후에는 시민들이 밤거리를 자유로이 돌아다니고, 바그다드 국제박람회장에 수만 명이 방문하는 등 활기를 되찾고 있다.

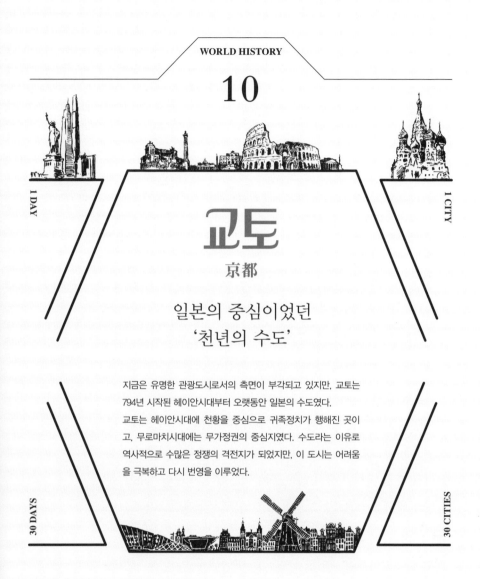

1 DAY

1 CITY

30 DAYS

30 CITIES

교토

京都

일본의 중심이었던
'천년의 수도'

지금은 유명한 관광도시로서의 측면이 부각되고 있지만, 교토는 794년 시작된 헤이안시대부터 오랫동안 일본의 수도였다. 교토는 헤이안시대에 천황을 중심으로 귀족정치가 행해진 곳이고, 무로마치시대에는 무가정권의 중심지였다. 수도라는 이유로 역사적으로 수많은 정쟁의 격전지가 되었지만, 이 도시는 어려움을 극복하고 다시 번영을 이루었다.

현재 국가	일본국
인 구	약 150만 명(2019년 기준)

'사신상응'의 땅

삼면이 산으로 둘러싸인 교토분지에 위치한 교토의 옛 명칭은 '헤이안쿄'다. 이 도시는 794년 10월에 간무 천황이 이곳으로 천도하면서 탄생했다.

헤이안쿄 이전에는 나라의 헤이조쿄가 수도였다. 헤이조쿄는 덴무 천황계의 혈족을 지지하는 귀족과 기존 불교세력의 영향력이 강한 곳이었다. 물 사정이 좋지 않은 곳이기도 했다. 이러한 이유로 덴무 천황과 대립하던 덴지 천황계의 혈족, 간무 천황은 784년에 교토 부근의 나카오카쿄로 천도했다.

그런데 천도의 책임자이자 신뢰하던 대신인 후지와라노 다네츠구가 암살당하자, 간무 천황은 친동생인 사와라 친왕을 의심하며 아와지로 귀양을 보냈다. 유배지로 떠나면서도 끝까지 자신의 무죄를

간무 천황

호소하며 단식하던 사와라 친왕은 결국 죽음을 맞았다.

그 후 간무 천황의 생모와 황후 등이 잇따라 병사하고 홍수와 기근에 전염병까지 발생하자, 사람들은 사와라 친왕 원령의 저주 때문에 흉흉한 재해가 생기는 것이라고 생각했다. 두려움을 느낀 간무 천황은 천도를 결심했고, 그때 선택한 곳이 교토분지다.

교토 지역이 선택된 이유는 당시 일본인들이 믿던 '사신상응'의 조건에 합치했기 때문이다. 이는 각 방위에 수호신을 두는 중국사상인 풍수지리에서 유래한 것으로, 북쪽에 바위(현무), 동쪽에 강(청룡), 남쪽에 큰 연못(주작), 서쪽에 도로(백호)가 있는 형세의 토지를 명당으로 간주한다. 교토분지 일대에는 북쪽에 후나오카산, 동쪽에 가모가와강, 남쪽에 오구라연못(현재는 매립됨), 서쪽에 산인 도로가 위치하고 있었다. 초대 조궁대부 후지와라노 오구로마로는 시찰을 한 뒤 이곳이 틀림없는 명당이라고 보증했다.

'장안'을 모방한 도시 만들기

헤이안쿄는 남북 약 5.3킬로미터, 동서 약 4.5킬로미터 길이의 직사
각형 도시였다. 우선 황궁(다이다이리)을 북부 중앙에 배치하고, 남쪽
으로 쭉 뻗은 주작대로를 중심으로 동쪽에 사쿄(左京), 서쪽에 우쿄
(右京)를 건설해 같은 규모의 두 행정구역을 만들었다.

　헤이조쿄의 선례에 따라 헤이안쿄 역시 중국 당나라의 수도 장
안을 참고하여 건설했다. 그래서 사쿄를 '낙양성', 우쿄를 '장안성'

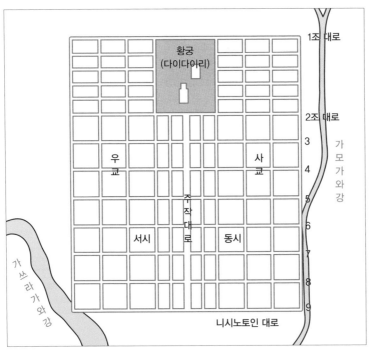

헤이안쿄의 구조　헤이안쿄도 장안과 같이 황제의 궁을 도시 북쪽에 건설했는데, 이런 구조를 '북궐
형(北闕形) 도시'라고 한다

이라고도 불렀다.

사쿄와 우쿄에는 24개의 대로와 48개의 소로가 있다. 대로의 폭은 85미터 주작대로를 필두로 약 50미터, 36미터, 30미터, 24미터 등 다섯 개의 규격이 있는 반면, 소로의 폭은 약 12미터로 통일되어 있다.

동서와 남북으로 뻗은 이 길들에는 각각의 명칭이 있었다. 예를 들면 이치조 대로, 오시 소로, 니시키 소로 등이다.

대로와 소로로 구분한 구획은 행정구가 되었다. 동서대로는 북쪽부터 '1조(이치조), 2조(니조)…'와 같은 식으로 '조(条)'에 순서대로 숫자를 붙였고, 사쿄와 우쿄 모두 대로와 소로로 구분된 열을 방으로 나누었다. 이를 '조방제'라고 부른다.

조방제에서 1조는 4방으로 나뉘고 1방은 4보(保)로, 또 1보는 4정(町. 1정은 약 120미터 사각형)으로 나뉘었다. 즉 1조는 64정으로 이루어졌다. 현재 교토 시내의 주소도 역시 조방제에 기초하고 있다.

쇠퇴하는 '우쿄', 번성하는 '사쿄'

헤이안쿄로 천도한 지 100년쯤 지나자 서쪽의 우쿄는 쇠퇴하고 황폐해졌다. 우쿄가 가쓰라가와강 주변 습지대 위에 조성되어 자주 범람하고 온대성 말라리아가 발생한 탓에 사람들이 사쿄로 빠져나간 것이 주요 원인이었다.

반면 사람들이 몰려든 사쿄는 번창했다. 이치조 대로의 북쪽으로 구역을 넓혀 대로와 소로가 증설되었다. 즉 남북으로 뻗은 니시노토인 대로가 이치조 대로를 넘어 북쪽으로 연장되었고, 동서로 뻗은 무샤노 소로, 기타 소로(현재의 이마데가와도리) 등이 새롭게 만들어진 것이다. 사쿄는 가모가와강 너머 동쪽으로도 확장했다. 니조 대로가 시라카와까지 동쪽으로 연장되어 새로운 시가지가 조성되었고, 귀족과 관인의 저택들이 지어졌다.

무사가 대두한 헤이안시대 말기에는 '다이라(平)'라는 성을 가진 일족(헤이케)이 이곳에 저택을 짓고 본거지로 삼았다. 그 주변에는 무가의 저택들이 들어섰다.

가마쿠라시대에 이르러 수도의 중심이 아예 사쿄(낙양성)로 옮겨지고 도시의 구조가 변화하면서 헤이안쿄라는 호칭은 더 이상 사용하지 않게 되었다. 대신 '쿄(京)', '미야코(都)', '교라쿠(京洛)', '교토(京都)' 등으로 불렀고, 교토로 가는 것을 '조라쿠(上洛)'라고 표현했다. 도심 안에 사원 건립이 허가되었기 때문에 무로마치시대에는 선종을 비롯해 니치렌종(日蓮宗)과 같은 신흥종파의 절들도 건립되었다.

1336년에 시작된 무로마치막부는 3대 쇼군인 아시카가 요시아키에 이르러 정권의 안정을 이루었다. 그러자 상공업자들이 마치 소로(현재의 신마치도리)에 점포를 차리기 시작했고, 15세기에 이르러 교토는 상업도시의 일면도 갖게 되었다.

인구가 증가한 교토에서는 도시 재편이 활발히 이루어졌다. 16세기에 니조 대로를 경계로 해서 북으로 '가미교', 남으로 '시모교'

오닌의 난

라는 두 개의 커다란 공동체가 생겼다.

이대로 교토는 계속 발전해 나가는 듯했지만, 1467년에 유력 다이묘와 막부 쇼군 사이에 벌어진 정쟁을 계기로 '오닌의 난'이 일어났다. 10년 이상 계속된 이 내란으로 귀족과 조정관료, 무가의 집들이 몰려 있는 가미교는 폐허가 되었고 100정 3만여 호가 소실되는 피해를 입었다. 하지만 상공업자가 많은 시모교의 피해는 상대적으로 크지 않았다.

도요토미 히데요시의 도시개조계획

일본 통일을 꿈꾸던 영주(다이묘) 오다 노부나가가 혼노지에서 부하의 배신으로 쓰러진 후, 그를 모시던 도요토미 히데요시가 1590년에 통일의 대업을 완수했다. 그 뒤 도요토미는 황폐해진 교토를 대대적으로 부흥시켰다.

우선 옛 황궁의 자리에 자신이 머무는 정청 겸 저택인 주라쿠다이를 건설했다. 그리고 가미교·시모교 사이와 남북으로 이어진 길의 정(町) 중간마다 새 길을 뚫어 조방제를 부활했다. 교토의 구획은 바둑판과 같은 정사각형의 이미지가 있었는데, 이때 구획을 분할하면서 남북으로 길쭉한 직사각형 구획이 만들어졌다.

또 도심 주위에 외적 방어와 가모가와강의 치수를 목적으로 약 23킬로미터에 이르는 흙담(오도이)을 쌓았다. 이 흙담을 경계로 도성의 안팎을 구별했다.

이후 정권을 장악한 에도막부는 교토에 니조성을 쌓고 막부의 직할지로 삼아 산업을 보호했다. 고급비단인 니시진오리 산업을 극진히 보호한 것이 교토 진흥의 핵심이었다. 교토의 거상인 스미노쿠

금각사

료안지

라 료이는 교토와 후시미를 연결하는 운하를 만들었는데, 이 덕분에 오사카부터 요도가와강을 경유해서 물자를 교토 시내로 실어올 수 있게 되었다. 다양한 인프라 정비가 추진된 덕분에 교토는 인구가 35만 명까지 증가하여 에도, 오사카의 뒤를 잇는 도시로 발전했다.

히데요시가 교토를 다시 발전시킨 이후 에도시대 후반에 신사나 절 등 옛 유적지를 찾아 걷는 여행이 유행하면서 많은 사람이 교토를 찾게 되었다.

막부시대 말기의 교토는 개국을 추진하는 막부와 존황양이파 조슈번(에도시대의 막강한 번 중 하나)의 여러 무사 및 지사의 격전지가 되어 치안이 악화되었다. 1864년에는 막부군과 조슈번의 군이 교토 황궁 부근에서 충돌한 '금문의 변'이 발생하기도 했다.

1867년, 에도막부 15대 쇼군인 도쿠가와 요시노부가 정권을 천황에게 반환(대정봉환)하고 에도막부는 막을 내렸다. 하지만 그 이후 신정부군과 구막부군이 교토 교외에서 충돌하며 보신전쟁의 서막을 여는 도바·후시미전투가 벌어졌다. 보신전쟁은 왕정복고로 수립된 메이지 정부와 옛 막부세력 간에 벌어진 내전이다.

보신전쟁에서 승리하고 에도성에 무혈입성한 메이지 정부의 수뇌부는 수도 이전 논의를 본격화했다. 결국 에도막부 시대의 관청을 그대로 이용할 수 있다는 이점을 고려해서 에도(도쿄)를 수도로 선택했다. 1868년에 마침내 천황이 도쿄로 옮겨간 후, 교토는 1000년 이상 이어온 일본 수도로서의 기능을 상실했다.

이후 교토는 2차 세계대전에서 전화를 모면했고, 지금도 과거에 그랬던 것처럼 천년의 수도로서 축적해온 유산으로 전 세계의 관광객을 매료시키고 있다.

1 DAY

1 CITY

사마르칸트
Samarkand

동양과 서양을 잇는
실크로드의 요충지

유라시아대륙의 중앙에서는 크고 작은 오아시스를 중심으로 많은
도시가 발전했는데, 이 도시들은 실크로드 무역망의 중계지로서
번성했다. 그중 하나인 사마르칸트는 중국대륙의 당나라, 이슬람
의 아바스왕조 등 여러 대국과 깊은 관계를 맺었다.
15세기 티무르왕조 시대에는 인도 북부부터 터키에 이르는 넓은
영토를 지배했는데, 당시 사마르칸트는 이슬람문화권의 중심지
였다.

30 DAYS

30 CITIES

현재 국가	우즈베키스탄공화국
인 구	약 32만 명(2019년 기준)

알렉산드로스대왕이 극찬한 풍경

기원전 4세기의 알렉산드로스대왕과 7세기의 당나라 승려 현장, 이 두 인물은 각각 서쪽과 동쪽에서 중앙아시아의 우즈베키스탄 동부에 위치한 사마르칸트를 방문했다.

우즈베키스탄은 중국의 서쪽, 인도·이란의 북쪽, 카스피해의 동쪽에 위치하고 있다. 이 일대는 건조기후의 고원지대지만, 타지키스탄의 알라이산맥을 수원으로 한 제라프샨강 유역에는 오아시스 도시들이 곳곳에 존재한다. 사마르칸트도 그중의 하나다.

고도 약 700미터의 산지에 위치한 사마르칸트는 물과 녹지가 풍부한 땅이다. 기원전 6세기부터 이란(페르시아)계 종족 소그드인이 집락을 형성하여 오아시스 도시를 건설했다. 그리스 기록에는 '마라칸다'라는 이름으로 등장한다. 기원전 327년경 알렉산드로스대왕은 페르시아 원정길에서 이 땅을 처음 봤는데, "듣던 대로 아름답다. 아니 그 이상으로 아름답다"라고 평했다고 전해진다.

　기원전 2세기에 중국대륙 대부분을 지배한 한나라는 사마르칸트를 포함한 중앙아시아의 오아시스 도시국가들과 외교관계를 맺었고, 이로써 실크로드 무역이 확립되었다. 이를 통해 동방세계의 비단·종이·도자기 등이 서방으로 수출되었고, 서방세계의 군마·유리제품·보석 그리고 의술이나 불교경전과 같은 문헌이 동방으로 전해졌다. 이를 중개한 주역은 소그드인으로, 당시 제라프샨강 유역은 소그디아나라고 불렸다.

중세 최고의 특산품 '종이'

7세기에 현장법사는 불전을 찾기 위해 톈산산맥을 넘고 사마르칸트를 거쳐 남으로 내려가 천축(인도)에 도달했다. 수·당왕조는 사마르칸트 일대에 있던 오아시스 도시국가를 '강국(康國)'이라고 칭했다.

　사마르칸트 주변에서 큰 세력을 형성했던 소그드인은 페르시아에 기원을 둔 조로아스터교를 믿었다. 그런데 8세기에 아랍계 우마이야왕조가 침공한 후 이슬람교

현장법사

가 보급되면서 그들의 고유문화가 점차 쇠퇴했다.

751년에는 아바스왕조와 당나라 군대가 충돌하는 탈라스전투가 발생했다. 이를 계기로 당나라의 제지법이 서역으로 전해졌고, 이후부터 19세기까지 사마르칸트는 이슬람문화권에서 대표적인 종이 산지로 손꼽히게 되었다. 원래 종이의 원료는 삼나무였는데, 후에는 뽕나무 섬유를 이용했다. 이런 종이는 아라비아반도와 이집트에서 '왕의 종이'라고 불리며 진귀한 물품으로 대접받았다.

11세기 말에 이슬람의 호라즘왕국은 중앙아시아부터 페르시아까지 세력을 넓혔고, 사마르칸트를 수도로 삼았다. 하지만 1220년, 사마르칸트는 칭기즈칸이 이끄는 몽골군에게 철저히 파괴되었다. 이 시기까지 이 도시의 중심지는 북부의 아프라시압 언덕 일대였는데, 현재는 소수의 유적만 남아 있다.

티무르에 의해 이슬람 문화권의 중심지로

유라시아대륙을 장악한 몽골제국이 분열하자, 1370년에 사마르칸트를 수도로 한 티무르왕조가 수립했다. 왕조의 창시자 티무르는 투르크족 문화를 몸에 익힌 무슬림이지만, 원래는 몽골군인의 피를 이어받은 인물이었다. 그래서 몽골제국의 군사조직과 정치제도를 많이 따랐다.

15세기에 티무르의 전기를 기록한 역사가 알리 야즈디에 따르

티무르왕 동상

면, 당시 사마르칸트 일대는 평화로운 초원, 싱그러운 수목, 견고한
건물, 잔잔한 강물로 명성이 자자했다고 한다.

　사마르칸트의 역사에 '칭기즈칸은 파괴했고 티무르는 건설했다'
고 전해진다. 티무르는 레기스탄 광장을 도시의 새로운 중심으로 삼
았다. '레기'는 '모래', '스탄'은 '광장'을 의미하는데, 그곳의 지반이
운하를 따라 운반된 모래와 진흙이 굳어 형성되어서 붙여진 이름이
다. 레기스탄 광장에서는 바자르(시장)가 열렸다. 티무르는 인도 북
부부터 현재의 터키에 이르는 정복지의 학자, 기술자, 예술가 등을
사마르칸트로 이주시키고 이슬람신학교를 세웠다. 외부로 출정하는
일이 잦았던 티무르는 사마르칸트에서 남쪽으로 약 80킬로미터 떨

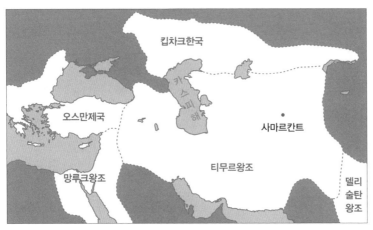

15세기경 티무르왕조와 그 주변국 몽골족 출신 이슬람교도였던 티무르는 티무르왕조를 창건하고
사마르칸트를 수도로 정했다.

어진 고향 케슈를 또 하나의 수도로 삼았다. 그는 사마르칸트와 케
슈 사이를 잇는 간선도로를 건설하고 외국 사절을 위한 영빈관도 만
들었다.

　또한 사마르칸트 근처에 아바스왕조의 수도였던 바그다드, 우마
이야왕조의 수도였던 디마슈크(다마스쿠스), 파티마왕조의 수도였던
미스르(카이로)와 같은 이름을 붙인 위성도시들을 건설했다. 이는 사
마르칸트를 이슬람문화권의 중심으로 삼은 세계관을 반영한 것으로
보인다.

굴곡의 역사를 넘어 우즈베키스탄 제2의 도시로

사마르칸트를 상징하는 건축물은 구르 에미르다. 이곳은 원래 티무르가 요절한 손자 무함마드를 위해 지은 묘였지만, 후에 티무르 자신도 명나라를 공격하다가 사망하여 이 안에 묻혔다. 푸른 돔의 내벽은 일정한 종이패턴을 대고 채색하는 중앙아시아의 독자적인 기법으로 꾸며졌고 3킬로그램의 황금으로 장식되었다. 이 외에 모스크를 비

구르 에미르

사마르칸트

롯한 많은 건축물에도 코발트와 같은 안료가 들어간 푸른 장식을 많이 사용했기 때문에 사마르칸트는 '푸른 도시'라고 불렸다.

한편 티무르의 또 다른 손자 울루그 벡은 왕위에 오른 뒤 천문대를 건설하여 15세기 당시 세계에서 가장 정확하게 일 년의 길이를 측정했다. 또 1018개의 별자리를 표시한 천문표를 만들었는데, 이는 유럽에도 전해졌다. 이는 당시 티무르왕조의 높은 문화 수준을 보여주는 사례다.

이렇듯 번성하던 티무르왕조는 16세기에 투르크계 우즈베크인의 침공으로 멸망했다. 우즈베크인이 세운 샤이반왕조는 서쪽의 부

19세기 후반의 사마르칸트 신시가지 도시 중심지가 황폐한 아프라시압 언덕에서 남서쪽 레기스탄 광장으로 바뀌었다.

울루그 벡이 세운 이슬람 신학교

하라로 천도했고 이후 사마르칸트는 점차 쇠퇴했다. 19세기에 접어
들어 러시아제국이 중앙아시아로 세력을 확장하자, 사마르칸트는
러시아령으로 편입됐고 구시가지 서쪽에 러시아인 거리가 조성되었
다. 1917년 러시아혁명을 전후한 시기부터 사마르칸트 일대에서는
면화산업이 발달했다. 사마르칸트는 1925년에 소비에트연방(소련)
우즈베크소비에트사회주의공화국의 수도가 되었지만, 5년 만에 타
슈켄트에 그 자리를 내주었다.

　1940년대에 소련은 아랄해 주변의 면화산업을 위해 아랄해로
흐르는 두 하천의 물을 대량으로 사용했다. 그 결과 세계에서 네 번
째로 넓었던 아랄해의 면적이 50년 만에 10분의 1로 줄어들었다.

오랜 역사를 지닌 사마르칸트의 민족 구성은 복잡하다. 우즈베키스탄 인구는 우즈베크인이 80퍼센트를 점하고 있지만, 사마르칸트는 이란과 언어의 뿌리가 같은 페르시아계 타지크인이 다수를 차지한다. 또 소수지만 서쪽에서 이주해 온 아르메니아인과 유대인도 있다. 1930년대에는 러시아의 극동지역에 살던 고려인도 소련공산당의 강제 이주 방침에 따라 사마르칸트를 비롯한 중앙아시아의 도시들로 유입되었다.

1991년에 우즈베키스탄의 독립이 이루어진 후 사마르칸트에서는 구소련 시대에 억제되었던 민족주의가 부흥했고, 그 영향으로 현재 고대와 중세시대 유적을 복구하는 작업이 활발히 진행되고 있다.

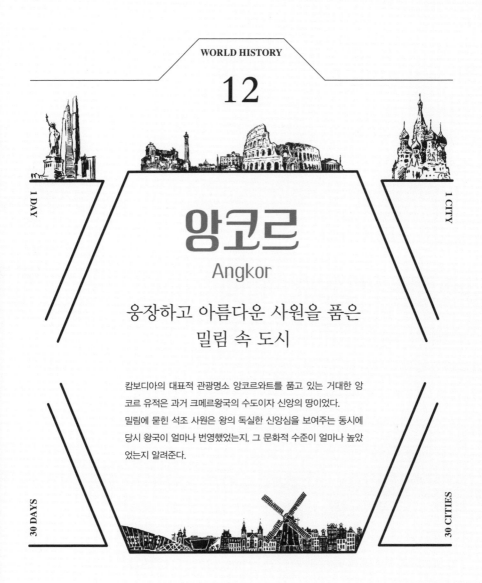

1 DAY

1 CITY

앙코르

Angkor

웅장하고 아름다운 사원을 품은 밀림 속 도시

캄보디아의 대표적 관광명소 앙코르와트를 품고 있는 거대한 앙코르 유적은 과거 크메르왕국의 수도이자 신앙의 땅이었다. 밀림에 묻힌 석조 사원은 왕의 독실한 신앙심을 보여주는 동시에 당시 왕국이 얼마나 번영했었는지, 그 문화적 수준이 얼마나 높았는지 알려준다.

30 DAYS

30 CITIES

현재 국가	캄보디아왕국
인　　구	도시 현존하지 않음

강한 왕권의 증거가 된 사원 건립

캄보디아의 수도 프놈펜에서 비행기로 50분 걸리는 톤레사프호의 북동쪽에 세계문화유산인 앙코르 유적군이 있다.

이 거대한 앙코르 유적군 중 하나가 바로 캄보디아의 국기에도 들어갈 만큼 유명한 앙코르와트다. 앙코르는 '앙코르톰'을 중심으로 50개가량의 건축물이 늘어선 거대도시다.

앙코르는 9세기 초에 크메르왕조가 건설했다. 크메르인은 현재의 캄보디아 주변에서 살던 민족으로 6세기에 '진랍(眞臘)'이라는 국가를 세웠는데, 이 무렵에는 베트남 남부에 큰 세력을 떨치던 '부남국(扶南國)'의 지배하에 있었다. 하지만 자야바르만 2세 때 독립을 이뤘고, 현재 앙코르와트에서 북으로 30킬로미터 떨어진 프놈쿨렌 언덕을 중심으로 크메르왕조가 수립되었다.

앙코르와트

    크메르왕조는 대대로 이 지역을 수도로 삼았다. 당시에는 왕이 새로 즉위하면 새로운 사원을 건설하는 것이 정해진 수순이었다. 크메르왕조는 세습제가 아니라 실력으로 왕위를 쟁취하는 체제로 이어졌기 때문이다. 새로운 왕은 전 왕이 세운 사원에서 의례를 치르는 것을 꺼렸고, 그래서 왕이 바뀔 때마다 새로운 사원이 들어섰다. 힌두교를 숭배한 크메르왕조의 왕은 새로운 사원을 건설함으로써 자신의 정통성과 신앙심 그리고 재력을 과시했다.

앙코르의 위치 앙코르 유적군은 캄보디아 북부의 씨엠립주에 자리하고 있다.

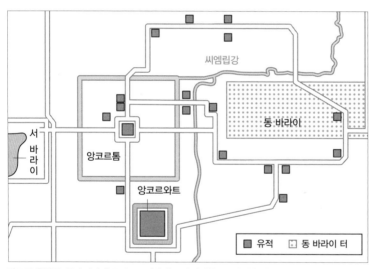

앙코르 유적군 동서 바라이 주변으로 역대 왕들이 건설한 수도와 사원이 있다.

치밀한 치수사업으로 건설한 도시

1113년에 즉위한 수리야바르만 2세는 타이와 말레이반도까지 진출하며 크메르왕국의 최대판도를 구축한다. 그는 앙코르와트를 비롯한 많은 사원을 세웠다.

이후 크메르왕국은 베트남 중부에서 세력을 키운 참파왕국의 침공을 받고 쇠퇴하였지만, 1181년에 즉위한 자야바르만 7세가 다시 전세를 뒤집었다. 그는 앙코르와트의 북쪽에 새로운 도시 앙코르톰을 건설했다. 앙코르는 '왕도', 톰은 '크다'라는 의미다. 앙코르톰은 높이 8미터, 길이 3킬로미터의 성벽으로 도시를 감싸고 주위에는 폭 100미터의 해자를 만들어서 왕과 백성을 보호했다. 거대한 저수지(바라이)는 북쪽 쿨렌산을 원류로 한 씨엠립강에서 물을 끌어왔다.

이곳은 쿨렌산에서 대량의 토사가 흘러들어 오는 선상지로 비옥한 평야가 펼쳐진 지역이었고, 그래서 왕조의 수도로 선택되었다. 게다가 열대지방이기 때문에 일 년에 삼모작도 가능했다. 그렇지만 건기에는 물이 부족하고 우기에는 홍수가 발생하는 문제가 있었다. 그래서 자야바르만 7세는 앙코르톰의 동서에 바라이를 만들고 용수로와 수로를 정비했다. 이 저수지 덕분에 주위에는 풍부한 무논(물이 괴어 있는 논)이 펼쳐졌고, 이곳에서 얻은 높은 식량생산력은 왕권을 뒷받침해 주었다.

자야바르만 7세는 힌두교가 아닌 불교를 믿었다. 그래서 앙코르

톰에 불교사원이 많이 건설되었으며 힌두교양식과 불교양식이 결합한 독특한 크메르미술도 더욱 발전했다.

다시 세상 속으로 나온 '대왕도'

최고의 번영을 누린 크메르왕조는 계속되는 사원 건설로 재정이 악화된 데다, 후계자 다툼까지 끊이지 않고 이어지면서 점차 쇠락해 갔다. 결국 14세기 후반에 타이의 아유타야왕조가 크메르왕조를 침공했고 앙코르톰이 함락되었다.

16세기 이후 유럽국가들이 앞다퉈 동남아시아로 진출하면서 캄보디아는 기나긴 암흑시대를 맞게 된다. 캄보디아인들의 신앙도 힌두교에서 불교로, 특히 남방아시아의 상좌부불교로 옮겨갔기 때문에 앙코르와트는 불교사원으로서 명맥만 이어갔다. 앙코르는 차츰 사람들의 관심에서 멀어지며 방치되었고, 결국 빠르게 성장하는 열대식물로 뒤덮인 밀림 속에 파묻혀 존재조차 잊혔다.

앙코르가 다시 주목을 받게 된 것은 1860년 프랑스인 박물학자 앙리 무오의 방문 이후다. 그는 일 년에 걸친 탐험 끝에 밀림 속에서 잠자던 이 도시를 발견하고 전 세계에 소개했다. 수많은 전당과 탑, 코끼리도 지나갈 수 있을 만큼 널찍한 석조회랑, 정교한 부조 등을 간직한 밀림 속 유적은 서양인에게 너무나 신비로웠다.

프랑스령이던 캄보디아는 1953년에 독립을 했지만 그 후 내전

앙리 무오가 그린 앙코르와트

에 돌입했다(1967~1975년). 정권에서 내몰린 크메르루주는 앙코르
와트를 본거지로 삼고 수많은 지뢰를 묻었다. 누구나 앙코르 와트에
마음 편히 갈 수 있게 된 것은 국제회의를 거쳐 공식적으로 내전이
종료된 1990년대부터다.

　현재 앙코르 유적군은 유적지를 포함한 4제곱킬로미터의 지역이
국립공원으로 보호되고 있고, 노후한 건물을 복구하는 작업이 진행
중이다. 인근에 사는 100여 개 마을의 사람들은 예전과 크게 다름없
는 생활을 하고 있다.

13

튀니스
Tunis

3000년의 역사를 품은
지중해의 십자로

수차례 주인이 바뀐 도시는 많지만, 지중해의 요충지 튀니지에서는 유난히 많은 세력이 얽히고설켜 반목했다. 튀니스 동쪽 근교의 도시국가 카르타고는 다양한 민족의 지배를 받았고 근대에는 프랑스 세력권에 편입되었다.

각 시대의 다양한 유적과 건축물을 볼 수 있는 튀니스는 오늘날 아프리카대륙의 대표적인 국제도시로서 존재감을 뽐내고 있다.

현재 국가	튀니지공화국
인 구	약 69만 명(2019년 기준)

지중해를 제패한 해양 도시국가

지중해의 요충지라고 하면 흔히 로
마를 비롯한 유럽의 도시들을 먼저
떠올린다. 하지만 아프리카대륙을
대표하는 지중해의 도시, 튀니스를
빼놓을 수는 없다. 튀니스는 튀니
지의 수도다. 튀니지는 2011년에
북아프리카와 아랍권 국가를 휩쓴
혁명운동 '아랍의 봄'으로 맨 처음
독재정권을 무너뜨린 나라인데, 이
사건을 통해 튀니스의 이름을 처음
들어본 사람도 있을 것이다.

아랍의 봄 당시 튀니지 시위 현장

인접한 알제리나 모로코와 마찬가지로 튀니지는 내륙에 사하라사막이 펼쳐져 있지만, 연안지역은 녹지가 풍부하다. 또 연간 평균기온이 섭씨 24도 정도의 온난한 지중해성 기후다.

폭 약 64킬로미터의 튀니스만은 자연이 만든 훌륭한 항구다. 튀니스 도심은 만 안쪽에 있으며, 제방으로 바닷물을 막은 튀니스호를 접하고 있다.

튀니스의 위치 튀니스부터 시칠리아섬까지의 최단거리는 약 120킬로미터에 불과하다.

지도를 보면 뚜렷이 알 수 있는데, 튀니스와 시칠리아섬은 겨우 120킬로미터 정도 떨어져 있을 뿐이다. 사실 튀니스는 시칠리아섬의 서쪽에 있는 사르데냐섬과도 멀지 않아서, 유럽에서 '엎어지면 코 닿을 데'라고 할 만큼 가깝다.

고대 튀니지 일대에는 선주민인 베르베르인이 살고 있었는데, 기원전 12세기경부터 차츰 페니키아인이 들어와 정착하기 시작했다. 페니키아인은 현재의 시리아·레바논 주변 출신으로, 일찌감치 지중해에 교역망을 넓히며 그리스와 북아프리카 연안 곳곳에 통상 거점이 되는 도시국가들을 건설했다.

기원전 814년, 레바논의 티루스(티레)에서 온 페니키아인 공주 디도(어린 시절 이름은 엘리사)가 현재의 튀니스 북부에 도시국가 '카르트 하다쉬트'를 건설했다. 그 이름은 '새로운 도시'를 의미했다. 하지만 라틴어를 사용하던 로마인은 '카르타고', 페니키아어를 사용하던 페니키아인은 '포에니'라고 불렀다.

카르타고는 지중해의 동서와 남북을 잇는 해양국가로서 크게 발전하여, 주변의 시칠리아섬, 코르시카섬, 사르데냐섬은 물론 지중해 각지에 위성도시를 만들었다. 그리고 북아프리카의 과일·목재·상아 등을 팔거나, 이베리아반도의 금·은·동 등 금속을 동방으로 수출해서 커다란 이익을 올렸다. 기원전 5세기경에 이미 카르타고 시내에는 바둑판처럼 가지런하게 구획된 도로가 건설되어 있었다고 한다.

100년 이상 계속된 이민족들과의 항쟁

카르타고의 페니키아인은 자기들과 마찬가지로 지중해 각지에 위성도시를 건설한 그리스인과 자주 부딪혔다. 페니키아인 중에는 그리스문화를 받아들여, 기원전 4세기에 철학자 플라톤이 아테네 서북쪽에 세운 교육기관인 아카데메이아에서 공부하는 사람도 있었다. 한편 로마공화정은 처음에 카르타고와 우호관계를 맺었지만, 점차 지중해 제해권을 둘러싸고 충돌하게 되었다.

알프스를 넘는 한니발
이베리아 반도부터 피레네
산맥과 알프스 산맥을 넘어
이탈리아 반도까지 쳐들어
가 로마를 멸망 직전까지 밀
어붙인 일은 한니발의 가장
큰 업적으로 평가받는다.

기원전 264년, 카르타고와 로마 사이에 1차 포에니전쟁이 벌어져 카르타고가 로마에 시칠리아섬을 빼앗긴다. 기원전 218년에 발생한 2차 포에니전쟁에서는 카르타고의 명장 한니발이 이베리아반도를 지나 알프스산맥을 넘어 로마를 침공했다. 이때 로마군은 이탈리아 남부 칸나에전투에서 크게 패했다. 하지만 그 틈에 로마의 스키피오 장군이 카르타고 본토를 공격해서 승리를 거두었다. 카르타고는 곧 상황을 수습했지만, 기원전 149년에 시작된 3차 전쟁에서 로마군에 완전히 정복당하고 만다.

로마는 카르타고를 철저히 파괴한 뒤 속주로 만들어 곡창지대로 개척했다. 이후 카르타고에서는 포도와 올리브가 풍성하게 재배되고 로마식 대규모 공중목욕탕과 원형극장이 세워졌다. 카르타고로 이주한 로마인도 많았는데, 기원후 4~5세기에 그리스철학의 영향을 받은 『신국론』으로 후세에 큰 영향을 미친 그리스도교 신학자 아우구스티누스도 카르타고에서 청년기를 보냈다.

이후 카르타고는 439년에 게르만계 반달족에게 점령당해 반달왕국의 수도가 되었고, 여러 차례 로마인과 전투를 치르며 전화에 휩싸였다. 6세기에는 동로마제국이 반달왕국을 무너뜨리고 카르타고를 지배했다.

중세 이슬람세계의 대표적인 국제도시

698년에는 이슬람의 우마이야왕조가 북아프리카를 정복했다. 우마이야왕조는 중심지를 카르타고에서 현재의 튀니스로 옮겨 이집트 출신 그리스도교들을 이주시켰다. 이때 구축한 시가지가 현재 튀니스시 서남부의 메디나(구시가지) 지역이다. 732년에 튀니스의 대표적인 이슬람 건축물 '지투나 모스크'가 완공되었는데, 이때 사용된 184개의 기둥은 카르타고 유적에서 옮겨온 것이다.

이후 북아프리카에서는 아바스왕조에서 독립한 아글라브왕조와 파티마왕조, 모로코의 무라비트왕조 등 여러 이슬람 왕조가 등장해 흥망을 거듭했다. 그동안에도 튀니스는 지중해 무역의 거점으로서 번성했으며, 아랍 상인뿐만 아니라 전쟁포로가 된 유럽인, 동방에서

지투나 모스크

온 페르시아인, 유대인, 아프리카 내륙 출신 흑인 등 다양한 민족과
인종이 드나드는 국제적인 도시로 발전했다.

11~12세기에는 튀니지를 지배한 유력한 왕조가 없었다. 그래
서 튀니스는 일시적으로 이탈리아반도의 베네치아나 피렌체처럼 거
상, 직공의 수장, 무역선의 선주 등 힘을 가진 시민들이 자치체제를
구성해 도시를 운영했다. 하지만 13세기가 되자 무라비트왕조에서
분리한 하프스왕조가 튀니지의 지배자가 되었다. 1270년, 하프스왕
조는 프랑스가 주축이 되어 튀니스에 쳐들어온 8차 십자군을 격퇴
했는데, 프랑스왕 루이 9세는 이때 튀니스에서 병사했다.

알제리에 세워진 이븐 할둔 동상

14세기에 튀니스의 인구는 약 3만 명 정도였다. 이 무렵에 중세 이슬람세계를 대표하는 역사가 이븐 할둔이 등장한다. 튀니스에서 태어난 이븐 할둔은 북아프리카부터 아라비아반도, 중앙아시아에 이르는 지역을 두루 돌아다니며 얻은 폭넓은 시야로 아랍세계와 이슬람문명을 총체적으로 고찰한 역사 철학서 『역사서설』을 집필했다. 이 책은 후세에 유럽에서도 높은 평가를 받았다.

유럽과 깊은 교류를 나눈 이슬람 도시

튀니지는 1574년에 오스만제국의 속주가 되었는데, 이를 전후한 시기에 이베리아반도에서 추방된 이슬람인이 튀니스로 대거 들어왔다. 오스만제국 시대에도 튀니스는 지중해 각지와 깊은 교류를 지속했다. 튀니스를 통치하던 지방장관의 저택은 이탈리아산 대리석으로 만든 기둥과 스페인 안달루시아산 타일들로 꾸며졌다.

19세기에 접어들어 오스만제국의 영토는 점차 유럽 열강에게 잠

튀
니
스
호

튀니스항

:::::: 메디나

현재 튀니스의 중심 시가지 구시가지 메디나에서는 주변의 현대적인 모습과 대조적인, 옛 정취가 담긴 거리 풍경을 볼 수 있다.

식당했고, 튀니지는 1883년에 프랑스 보호령으로 편입되었다. 당시 튀니스의 인구는 약 12만 명에 달했다. 프랑스인들은 도심의 동쪽지역인 튀니스호 일대를 개발했다. 우선 튀니스의 구시가지를 에워싼 성벽을 헐고 방사상으로 도로가 뻗은 파리와 비슷한 신시가지를 건설했다. 유럽 식민지가 된 아시아나 아프리카의 도시는 원래의 도심과 근대 이후 유럽인이 조성한 신시가지가 확연히 구별되는 경우가 많다. 무엇보다 도시구획이나 도로의 폭에서 큰 차이가 나기 마련인데, 튀니스는 구시가지와 신시가지의 거리가 자연스럽게 이어진 보기 드문 경우다.

프랑스 식민지 시절, 1930년대 전후 튀니스에서는 프랑스와 이탈리아의 건축가들이 당시에 유행하던 아르데코양식이 반영된, 개성적인 건축물을 많이 지었다.

튀니지는 1956년에 프랑스로부터 독립했지만 유럽과는 여전히 긴밀한 관계를 유지하고 있다. 외국문화에 열린 자세를 가지고 있는 이 도시는 다양한 문화가 융합된 관광지로 인기가 높다. 튀니스는 국가의 독립과 동시에 수도가 되었고, 카르타고 유적으로 수많은 관광객을 끌어모으고 있다.

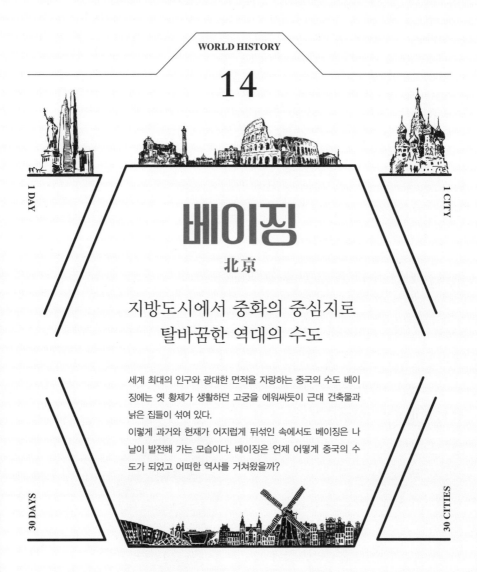

1 DAY

1 CITY

베이징

北京

지방도시에서 중화의 중심지로
탈바꿈한 역대의 수도

세계 최대의 인구와 광대한 면적을 자랑하는 중국의 수도 베이
징에는 옛 황제가 생활하던 고궁을 에워싸듯이 근대 건축물과
낡은 집들이 섞여 있다.
이렇게 과거와 현재가 어지럽게 뒤섞인 속에서도 베이징은 나
날이 발전해 가는 모습이다. 베이징은 언제 어떻게 중국의 수
도가 되었고 어떠한 역사를 거쳐왔을까?

30 DAYS

30 CITIES

현재 국가	중화인민공화국
인 구	약 2000만 명(2019년 기준)

베이징 원인 거주지부터 전국시대의 왕도까지

1929년, 현재의 베이징시 남서쪽 팡산구에서 화석화된 고대인의 두개골이 발견되었다. 이 화석의 학명은 '시난트로푸스 페키넨시스'로, 당시에는 인류의 선조 중 하나로 생각했다. 하지만 연구가 진척된 뒤에 베이징 원인(原人)은 인류의 선조인 호모 사피엔스보다 앞선 종인 호모 에렉투스로 분류되었다.

세월이 흘러 인류는 문명을 쌓고 국가체제를 정비해 나갔다. 기원전 1100년경 중국대륙에서는 주나라(서주)가 세력을 형성했고, 왕에 의해 제후로 봉해진 군주들이 각자의 영지에 나라를 세웠

복원된 베이징 원인 흉상

다. 그 가운데 현재의 베이징시 팡산지구에서는 계나라가 세워졌다. '계(薊)'는 엉겅퀴를 뜻하며, 엉겅퀴꽃이 흐드러지게 많이 피었던 데서 그 이름이 유래했다고 한다.

시간이 흘러 주왕조가 쇠퇴하면서 제후들끼리 패권을 다투는 춘추전국시대에 돌입하게 된다. 화북일대에서는 연나라가 계나라를 무너뜨리고 그 영내로 도읍을 옮겼다. 그 후 연나라는 전국7웅 중 하나로 꼽힐 만큼 성장했다.

연나라가 도읍을 옮긴 까닭은 연성이 평야와 산지가 맞닿은 교통의 요충지인 데다 수원이 확보된 곳이었기 때문이다. 도성의 크기는 동서 830미터, 남북 600미터였다. 베이징은 현재에도 '계성', '연경', '연성' 등으로 불리기도 한다.

연나라는 기원전 222년에 전국7웅 중에서 가장 강성했던 진나라의 영정(훗날 시황제)에 의해 멸망했다. 이후 연성은 지방도시로 전락했다.

진나라 수도 셴양(현재의 시안)에서 보자면 베이징 지역은 분명히 변경이다. 하지만 농작물의 생산력이 높고, 북방 이민족에 대한 방어거점과 교역의 요충지로 적합했다. 이런 이점을 가지고 있었던 까닭에 베이징은 한왕조 이후에는 화북지역의 중심지가 되었다.

수나라 2대 황제인 양제는 610년에 황허강과 양쯔강을 남북으로 잇는 경항대운하를 건설했는데, 그 북쪽의 기점이 바로 현재의 베이징이다.

사방위의 주요 도시 중 하나였던 북경

현재의 중국 지도를 봐도 알 수 있듯이 베이징은 중국 전체에서 보자면 동북부에 치우쳐 있다. 과거 국경이었던 만리장성까지 차로 한 시간 정도 걸리는 거리에 있으며 경제도시인 상하이나 홍콩보다 몽골 쪽이 더 가깝다.

중국에서는 수도를 나타낼 때 '경(京)'자를 붙인다. 그러므로 베이징(北京)은 한자 그대로 '북쪽 수도'를 의미한다. 당나라 시대까지는 주로 장안이나 낙양 등 황허강의 중류지역(중원)이 역대 왕조의 중심지였다. 왕조들은 보통 수도를 중심으로 그에 준하는 주요 도시를 동서남북에 지정했다. 그리고 이를 각각 '동경', '서경', '남경', '북경'이라고 불렀다. 예를 들면 당나라 때에는 현재의 산시성 타이위안이 '북경태원부'로 불렸고, 북송 시대에는 현재의 허베이성 한단이 '북경대명부'로 칭해졌다.

이민족 통치로 여러 번 바뀌었던 이름

역사적으로 지방도시에 불과했던 연성(현재 베이징)을 수도로 삼은 나라는 다름 아닌 북방에서 침입해온 이민족이었다. 10세기경 북방에서 세력을 떨친 거란족이 요나라를 건국했다. 이 무렵 연성과 주변 지역(연운십육주)은 요나라가 지배했다.

당시 중국대륙을 차지하고 있던 한족의 국가 송나라는 연운십육주를 되찾기 위해 군사를 일으켰지만, 오히려 전세가 역전되어 요나라가 남하하기 시작했다. 결국 송나라는 요나라를 아우로 인정하고 매년 요나라에게 막대한 공물을 제공한다는 내용의 평화조약(전연의 맹약)을 체결하게 된다.

이때 요나라는 연경을 남쪽 수도로 삼고 '남경'으로 이름을 바꾸었다. 요나라의 입장에서 보자면 연경이 지배영역의 남쪽에 위치했기 때문에 붙은 이름이다.

이후 요나라가 쇠약해지자 만주의 여진족이 반란을 일으켜 금나라를 건국했다(1115년). 금나라는 송나라와 연합하여 요나라를 멸망시켰다. 하지만 송나라가 협정을 깬 것을 문제 삼아 1126년 송나라의 수도 변경(현재의 카이펑)을 점령하고 황족을 포로로 잡아갔다(정강의 변). 난을 피한 송나라의 황족과 유민들은 남으로 도망쳐 나라를 재건했고, 이때부터 남송 시대가 열리게 되었다(이전의 송나라를 북송이라 칭함).

쿠빌라이 칸

한편 중국대륙의 북쪽을 지배하던 금나라는 남경으로 천도하고 '중도'로 개칭했다. 1215년, 몽골군의 침공으로 중도가 함락되었고 금나라는 1234년에 멸망하고 만다. 이어 몽골제국의 5대 황제 쿠빌라이는 1267년 수도를 중도로 옮기고 이름을 '대도'라 정했다.

이후 쿠빌라이는 원나라를 건국하고 초대 황

제가 되었고, 1279년에 남송도 멸망시켰다.

이민족이 기반을 다진 베이징의 원형

많은 몽골인에게 대도(베이징)는 처음으로 보는 대도시였다. 유목과 수렵을 생업으로 이동하며 살아온 유목민에게는 도시에서 정주한 다는 개념이 없어서, 처음에는 점령한 도시를 파괴하려고까지 했다. 하지만 거란족의 후손인 야율초재가 쿠빌라이의 재상이 되어 산업의 중요성을 설파했고, 그의 주장대로 안정된 세수가 확보되면서 대도시의 중요성이 인정받게 되었다.

　몽골고원, 만주, 중국대륙과 같이 광대한 지역을 지배하게 된 원나라에게 몽골과 중국의 중간지점인 대도는 여러모로 수도로 적합한 도시였다. 원나라 황제는 여름은 시원한 몽골의 상도(현재 중국 내몽골자치구의 시린궈러맹)에서 지냈고, 겨울은 상도보다 온난한 대도에서 보냈다. 원나라는 수도를 정비하는 데 문화적으로 더 발전했던 역대 중국왕조의 건축방식을 도입했고, 대도는 바깥둘레가 약 28킬로미터에 달하는 성벽으로 에워싸인 거대도시로 변모했다.

　장안 등 역대 왕조의 수도와 마찬가지로 도심을 좌우대칭의 바둑판과 같은 구획으로 나누고, 옥좌를 하늘의 중심인 북극성에 비유하는 식의 배치는 유교경전 『주례』를 바탕으로 했다. 또 적수담(지수이탄)에 운하를 만들어 성내로 물을 끌어들여 식수로 이용하고, 수로를 통한 물자 수송을 용이하게 했다.

도성 내에는 불교와 도교 사원 이외에 그리스도교 교회와 이슬람 모스크도 건설했다. 이는 중상주의를 표방한 원나라의 수도에 이슬람이나 유럽 상인 등을 비롯해 세계의 다양한 사람들이 방문했기 때문이다. 이처럼 대도는 국제도시로 성장했다.

베이징 천도와 자금성 건설

14세기에 들어서자, 원나라 각 지방에서 반란이 일어났다. 홍건적의 난에서 두각을 드러낸 주원장은 양쯔강 이남을 제압하고, 응천부(현재의 난징)를 수도로 삼아 1368년에 명나라를 건국했다. 주원장은 황제(홍무제)로 즉위하여 북벌을 개시했고, 원나라는 수도 대도를 버리고 몽골고원으로 달아났다.

명나라는 이민족 지배에 대한 반발로 원나라 통치의 상징인 대도의 궁전을 철저하게 파괴했다. 다만 북방 이민족의 위협이 잔존했기 때문에 북측 벽을 일부 축소해서 성벽을 정사각형에서 가로로 긴 직사각형으로 고쳤다. 이때 북서쪽에 흐르는 강을 피해 성벽을 비스듬히 쌓았기 때문에 그 후로도 북서쪽 모퉁이는 한쪽으로 기울게 되었다.

화북일대를 다스리는 연왕으로 봉해진 홍무제의 넷째 아들 주체는 대도에서 이름을 바꾼 '북평'을 본거지로 삼아 북방 이민족의 침

자금성

입을 방어했다.

　그러나 홍무제의 사후에 즉위한 2대 황제 건문제가 황족을 숙청하자, 주체는 간신을 벌하겠다는 명분을 내세워 군사를 일으켰다(정난의 변). 주체는 황제군을 무찌르고 난징을 점령한 뒤 건문제를 폐위시켰다. 그 후 주체는 명의 3대 황제(영락제)로 즉위하고, 수도를 자신의 본거지인 북평으로 옮겨 '북경', 즉 '베이징'으로 개칭했다.

　영락제는 몽골과 티베트 지역으로까지 원정에 나서며 명나라의 최대판도를 구축하는 동시에, 베이징에 자금성을 건설했다. 비로소 한족이 세운 통일왕조의 수도 베이징이 탄생하게 된 것이다.

정치와 경제·문화가 분리된 이중의 도시체제

현 베이징시의 중심부는 영락제 시대에 완성되었다고 할 수 있다. 내성의 중심에 황제가 거주하는 자금성이 있고, 황족의 주거지인 황성이 그 주위를 에워싸듯이 배치되어 있다. 황제는 북쪽에 있는 옥좌에 앉아 남쪽을 향해 정무를 보았고, 그 북측에 '징산'이라는 인공산을 쌓아 자신의 배후를 보호하게 했다. 이 배치는 풍수사상을 토대로 한 것이다.

베이징 주변에는 다진 흙과 벽돌로 성벽을 쌓았는데, 1436년에 보수를 하여 네 모퉁이와 아홉 개의 문에 누각을 만들었다. 또 그 유명한 천안문(당시 승천문)을 황성의 입구에 세우고 법령을 공포하는 장소로 사용했다.

이 무렵 베이징의 인구가 급증하면서 내성이 포화상태가 되자, 사람들은 성 바깥으로 거주영역을 넓혔다. 그래서 영락제는 1553년부터 11년간 내성 밖을 둘러싸는 외성을 만들었다.

이후 베이징의 중심부는 가로로 긴 직사각형 모양의 외성 위에 작은 사각형 모양의 내성을 얹은 듯한 형태(凸형)가 되었다. 사실 당초 계획은 내성의 주위를 모두 외성으로 둘러싸는 형태(回형)를 만드는 것이었다. 예정대로 완성되었다면 자금성은 황성, 내성, 외성이 차례로 겹겹이 에워싸는 견고한 성채가 되었을 것이다. 하지만 예산 문제로 남쪽에만 공사를 하는 데 그쳤다. 후에 내성은 정치적 중심지 역할을, 외성은 경제·문화의 중심지 역할을 하게 되었고,

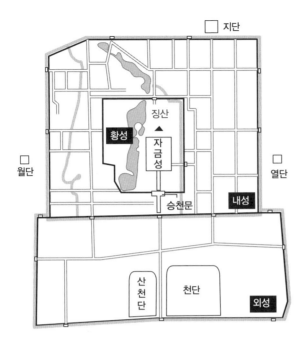

베이징의 구조　명과 청의 황제는 천제를 모셨으며, 천단을 짓고 하늘에 제사를 지냈다.

이러한 이중의 도시체제에 따라 베이징은 크게 번창했다. 내성에서는 많은 외국 사절들이 황제를 알현했고, 식당, 술집, 여관, 사원 등이 들어선 외성의 번화한 거리에는 각국 각지에서 온 관광객이 북적였다.

17세기에는 명나라 지배하에 있었던 만주의 여진족이 독립하여 '후금'을 세웠다. 쇠약해진 명나라는 이자성의 난에 의해 멸망했다. 후금은 이자성을 진압한 후 베이징에 입성했고 1636년에 국명을 청으로 바꾸었다.

청나라는 중국뿐만 아니라 몽골, 위구르, 티베트, 한반도까지 세력이 미치는 대제국이 되어 약 300년 동안 왕조를 유지했다. 청나라는 한족을 원활하게 통치하기 위해 베이징을 그대로 수도로 삼고 자금성도 그대로 사용했다.

19세기에 들어서자, 아시아의 식민지화에 나선 서구 열강이 앞다퉈 중국대륙에 진출했고 결국 아편전쟁이 발발했다. 청나라는 아편전쟁에서 영국에 백기를 들었고, 1894년에 시작하여 이듬해 종결된 청일전쟁에서도 일본에 패배하는 등 국력이 크게 쇠락했다. 세 살에 황위에 오른 12대 황제 선통제(푸이)가 이런 상황에 대응하기는 역부족이었고, 결국 1911년에 일어난 신해혁명에 의해 청왕조는 역사 속으로 사라졌다.

2차 아편전쟁 때의 팔리카오전투

베이징

왕조의 수도에서 인민공화국의 수도로

혁명으로 건국한 중화민국은 처음에 난징을 수도로 삼았다. 중국에서는 2차 세계대전이 끝난 후에도 장제스가 이끄는 국민당과 마오쩌둥이 이끄는 공산당 사이의 내전이 이어지고 있었다. 결국 공산당이 승리했고, 1949년에 중화인민공화국이 수립하면서 베이징은 다시 수도가 되었다. 베이징을 수도로 정한 이유는 중화민국의 수도 난징이 국민당의 거점이었기 때문이다. 이런 정치적 이유로 마오쩌둥은 베이징을 수도로 선택했는데, 항간에는 같은 사회주의를 내건 소련이나 몽골과 가깝기 때문이라는 설도 떠돌았다.

중화인민공화국의 성립 후에는 옛 성벽의 대부분이 헐리고 도로

1949년 중국인민해방군의 베이징 입성을 환영하는 행사가 열린 천안문

베이징 전경

가 들어섰다. 또 내성의 성벽 아래를 빙 돌듯이 순환하는 지하철이 부설되었다. 자금성은 고궁박물관이 되었고 천안문 앞의 건물은 헐려 남북 880미터, 동서 500미터에 이르는 천안문광장이 만들어졌다. 그리고 광장의 서쪽에는 전국인민대표대회가 열리는 '인민대회당', 동쪽에는 '중국국가박물관'이 세워졌다.

그 후 베이징의 영역은 더 확대되어 옛 도성을 중심으로 약 1만 7000제곱킬로미터나 되는 엄청난 면적을 자랑하는 특별직할시가 되었다. 북서쪽 하이뎬구에는 중국 최고의 명문대학인 베이징대학과 칭화대학이 있는데, 이들 학교는 후진타오, 시진핑 등 정부 요인을 다수 배출했다.

베이징은 2008년 베이징올림픽 개최를 계기로 현대화가 급속히 진행되면서 고층빌딩이 늘어선 대도시로 변모했다. 2022년 베이징

동계올림픽 개최를 앞두고는 중국 최대의 베이징수도국제공항을 대체할 베이징수도제2공항(베이징다싱국제공항)을 신설했다. 베이징은 현재에도 정치, 학문, 관광 등 다방면에서 단연 중국 최고의 도시다.

1 DAY

1 CITY

30 DAYS

30 CITIES

믈라카

Melaka

세계유산과 일상이 혼재하는
오래된 항구도시

믈라카는 한때 말레이반도 대부분을 지배하던 믈라카왕국의 왕
도이자 동서무역의 중계기지로서 번창했지만 이후 지배자가 잇
따라 바뀌며 수도의 기능을 상실했다.
현재의 믈라카는 동서 문화가 혼재한 역사적인 거리가 세계유산
으로 등록되는 등 다채롭고 활기찬 관광도시의 모습을 보여주고
있다.

현재 국가	말레이시아
인 구	약 50만 명(2019년 기준)

재미있는 전설과 오랜 역사를 지닌 도시

말레이시아의 수도 쿠알라룸푸르와 싱가포르의 중간에 믈라카시(市)가 있다. 면적은 약 300제곱킬로미터이며, 영어식 이름인 '말라카'로도 불린다.

수마트라섬을 중심으로 세력을 형성한 스리위자야왕국은 14세기 말에 자바섬에서 성립하여 강력한 국가로 성장한 마자파히트왕국에 수마트라섬을 빼앗겼다. 이후 스리위자야 왕국 최후의 왕자 파라메스와라는 말레이반도로 도망쳐 현재의 믈라카에 믈라카왕국을 세웠다.

믈라카라는 이름의 유래에는 이런 전설이 있다. 어느 날 왕자가 사냥을 갔다가 나무 그늘에서 쉬고 있는데, 사냥개에 쫓긴 사슴이 도망쳐 왔다. 그런데 막다른 궁지에 몰린 사슴이 놀랍게도 사냥개를

믈라카의 위치 믈라카는 믈라카해협을 통과하는 선박들의 중요한 기항지였다.

강물로 차버리는 광경을 목격했다. 겁 많은 사슴이 사냥개와 맞서 싸우는 모습에 감명을 받은 왕자는 이 장소를 수도로 결정했다. 믈라카는 이때 왕자가 쉬고 있던 나무의 이름을 딴 것이라고 한다.

전 세계에서 눈독 들인 바다의 요충지

믈라카해협은 오래전부터 태평양과 인도양을 잇는 교통의 요충지였

믈라카 풍경

고, 현재에도 세계에서 배의 왕래가 가장 많은 해역 중 하나다.

14세기 말에는 이곳에 수마트라섬과 말레이반도를 잇는 해로밖에 없었지만, 1405년에 명나라의 환관 정화의 방문과 함께 큰 변화가 찾아왔다. 정화의 대규모 선단에 압도된 믈라카는 명나라와 조공관계를 맺고 그 지배체제에 편입되었다. 믈라카 향신료와 향나무를 명나라의 값비싼 비단이나 도자기와 교환하고 막대한 이익을 얻었다. 또 정화가 중동과 아프리카까지 항로를 확장하자 믈라카에는 인도와 중동지역에서도 상선이 찾아왔다.

 믈라카가 단지 교역으로만 이익을 얻은 것은 아니었다. 당시의 배는 주로 바람을 타고 항해하는 범선이었다. 그런데 동남아시아의 계절풍은 봄과 가을에 풍향이 바뀌기 때문에 배들은 믈라카에 머물며 순풍을 기다려야 했다. 이 정박기간의 입항세, 보관료, 관세수입, 승무원의 체재비나 물자 보급비용도 큰 수입원이 되었다.

 그러나 믈라카 왕국의 번영은 100년 정도밖에 지속되지 못했다. 1511년에 포르투갈 함대가 나타난 것이다. 왕은 믈라카를 버리고 남쪽의 조호르로 천도해서 조호르왕국을 세웠다. 포르투갈인은 믈라카를 점령하고 연안에 산티아고 요새를 만들었다. 그리고 성채 주위로 포르투갈인 거류지를 형성했다. 믈라카강의 건너편에는 현지 주민이 살고, 울타리로 둘러싼 도심의 바깥쪽에는 중국인이 살도록 구획을 나누었다. 포르투갈은 믈라카를 거점으로 아시아 각지로 진출했다. 철포가 일본에 전해진 것도 믈라카를 통해서였다. 예수회의 창립일원이자 성인(聖人)으로 유명한 프란치스코 하비에르가 선교활동의 거점으로 삼은 곳도 믈라카였다.

 이러한 포르투갈령 믈라카도 역시 약 100년 만에 끝이 났다. 이어 1641년에는 네덜란드, 1824년에는 영국이 믈라카를 식민지로 삼았다. 하지만 영국은 싱가포르를 동남아시아의 주요거점으로 삼았기 때문에 믈라카는 그다지 중요하게 여기지 않았다. 이후 1942년부터 1945년까지는 일본에게 점령당하는 등 믈라카는 400년 이상 여러 국가의 지배를 받아야 했다.

현재 믈라카의 중심 시가지 믈라카해협이 내려다보이는 언덕에는 아직 산티아고 요새의 성문과 대포 등이 남아 있다.

이문화 교류가 빚어낸 문화유산

2차 세계대전이 끝나고 1957년이 되자 영국의 보호하에 말라야연방이 성립했고, 초대 수상인 투앙쿠 압둘 라만은 믈라카에서 독립선언을 했다. 말라야연방은 그 후 새로운 연합의 결성과 회원국 탈퇴 등의 과정을 거쳐 말레이시아가 되었고 쿠알라룸푸르를 수도로 삼았다. 이후 믈라카는 지방의 한 도시로 자리 잡게 되었다.

동서교역과 오랜 식민지 지배의 역사가 남아 있는 고도 믈라카의 거리는 다른 곳에서는 볼 수 없는 독특한 경관을 자랑한다. 믈라카강의 동쪽으로는 포르투갈이 건축한 산티아고 요새와 포르투갈양식의 건축물을 볼 수 있다. 또한 네덜란드 광장에는 네덜란드 건축양식의 빨간 건물과 풍차가 있고, 풍차의 주위는 꽃으로 꾸며져 있다.

건너편 강가의 구시가지에는 차이나타운이 형성되어 있다. 존커 거리에서는 야시장 가게들이 늘어선 모습과 중국풍 불교사원도 볼 수 있다. 믈라카왕국 시대에 왕이 이슬람교로 개종했기 때문에 이 도시에는 이슬람교의 모스크도 있다.

2008년, 동서교역과 문화교류의 역사가 담긴 독특한 건축과 문화도시 경관의 가치를 인정받아 '믈라카 해협의 역사도시, 믈라카와 조지타운'이 세계문화유산으로 등록되었다.

현재 믈라카의 민족 비율은 말레이계 60퍼센트, 중화계 30퍼센트로, 말레이시아의 전체 국민의 비율과 거의 비슷하다. 나머지 10퍼센트는 인도계와 이슬람계의 자손, 명나라와의 조공무역 시대에 태어난 혼혈인의 후예인 페라나칸, 포르투갈인의 자손 등 다양하다. 믈라카는 이러한 혼혈문화가 빚어낸 다채롭고 독특한 국제도시라고 할 수 있다.

16

모스크바
Moscow

대삼림에 건설된
'제3의 로마'

러시아는 때로 단일국가가 아니라 하나의 대륙으로 여겨지기도 한
다. 러시아의 수도 모스크바는 16세기 이후 동방정교 문화권의 중심
지를 자임해왔다.

18세기에는 수도의 자리를 내주기도 했지만, 20세기에 혁명이 일어
난 후에는 수도라는 지위와 더불어 '세계 사회주의의 중심지'라는
새로운 지위를 얻었다. 이 도시는 흔히 유럽의 변경으로 간주되기도
하지만, 사실 무척이나 다채로운 역사를 지닌 국제도시다.

현재 국가	러시아연방
인 구	약 1250만 명(2019년 기준)

12세기에 처음으로 역사서에 등장한 도시

유럽 각국의 수도와 비교했을 때 모스크바의 성립은 꽤 늦은 감이
있다. 중세 러시아의 역사를 전하는 연
대기에서 '모스크바'라는 지명이 처음
등장한 시기는 1147년이다. 그 무렵 유
럽과 중동지역은 십자군 원정의 시대를
거치고 있었고, 일본은 헤이안시대 말
기를 지나고 있었다.

러시아의 역사는 노르만인이 도래
하면서부터 시작한다. 862년에 북유럽
에서 온 노르만인 족장 류리크가 모스
크바부터 서북쪽 발트해에 면한 일대를

류리크

영토로 삼아 노브고로드공국을 건국했다고 전해진다.

류리크가 다스린 지역민은 '루시'라고 불렸는데, '러시아'라는 국명이 여기에서 비롯되었다고 한다. 류리크 일족인 올레크는 남쪽으로 이동하여 현재의 우크라이나 땅을 중심으로 키예프공국을 세우고 토착민족이었던 슬라브인과 동화했다. 10세기 말에 키예프공국은 그리스도교를 국교로 정했고, 그때부터 동로마제국(비잔티움제국)의 문화를 받아들였다.

이 무렵 모스크바는 대삼림이 펼쳐진 자연 그대로의 땅이었다. 모스크바라는 지명은 부근을 흐르는 모스크바강에서 유래했다. 모스크바강은 유럽 최대의 강인 볼가강에서 갈라져 나오는 오카강의 지류다. 모스크바라는 이름은 러시아를 비롯한 북유럽에서 사용하는 핀·우골어 계통의 고어로 '곰의 강' 혹은 '어둡고 탁한 강'을 의미했다고 하는데, 확실하지는 않다. 아한대기후로 연간 평균기온은 섭씨 5~6도이고 보통 10월부터 4월까지 눈이 내린다.

1156년에 인근 수즈달공국을 다스리던 유리 돌고루키(키예프공후의 자손)가 모스크바강의 삼각주를 울타리와 해자로 둘러싸고 도성의 원형을 만들었다. 그 넓이는 0.01제곱킬로미터(축구경기장의 약 1.5배)에 조금 못 미치는 정도였다고 한다. 이것이 모스크바에 있는 '크렘린'의 기원이다. 크렘린은 러시아어로 '성채'를 의미하기 때문에 각지의 성채도시도 크렘린이라고 칭했다.

주변국에서 거대 세력으로

13세기에 몽골군이 러시아 서부를 침공했다. 키예프공국은 몽골인이 중앙아시아의 투르크계 민족을 거느리고 수립한 킵차크한국에 정복당했다. 러시아에서는 이전부터 몽골계나 투르크계 이민족을 타타르인이라고 총칭했다. 그래서 킵차크한국의 지배(1240~1480년)는 '타타르의 멍에'라고 불린다.

노브고로드공국을 다스리던 알렉산드르 넵스키는 킵차크한국의 지배하에서 루시인의 자치를 계속 유지하면서 스웨덴과 독일기사단의 침공을 물리쳤다. 넵스키의 아들 다닐은 1283년에 변경의 마을이었던 모스크바를 수도로 정하고 '모스크바공국'을 세웠다.

당시 러시아 서부에 있던 소국 중에서 모스크바공국은 후발세력이었지만, 평원의 중앙에 위치하고 볼가강 수계의 하천을 이용한 물류 이용에 이점이 많았다. 모스크바공국은 킵차크한국을 계속 추종하면서 인근 트베리 혹은 리투아니아의 제후들과 다투며 세력을 확장했다. 다닐의 손자 이반 1세는 1328년에 인근 제후보다 격이 높은

모스크바공국의 국기와 국장

대공의 지위에 올라 루시 공국들의 통일을 추진했다.

13~14세기, 모스크바공국은 울타리로 둘러싸인 서쪽 모퉁이에 공관, 수도원, 킵차크한국의 주요 인사가 사용하는 건물들을 지었고, 그 동쪽에는 시장이나 시민들의 주거지를 건설했다. 이반 1세의 손자 드미트리 돈스코이의 치세 기간에는 목제 울타리 대신 흰 석회암을 이용한 아름다운 성벽을 건설했다.

'타타르의 멍에' 아래서 루시인의 정신적인 의지처는 그리스도교였다. 당시 동방정교회의 고위 성직자의 인사권은 동로마제국 콘스탄티노플의 총주교좌가 쥐고 있었다. 하지만 15세기에 동로마제국이 오스만제국의 침공으로 쇠퇴하자, 모스크바에서 독자적으로 주교를 선임하며 러시아정교회의 독립을 추진했다.

동방정교문화권의 중심지로

동로마제국은 1453년에 멸망했고, 9년 후에 이반 3세가 모스크바대공으로 즉위했다. 이반 3세는 동로마제국 최후의 황제 콘스탄티누스 11세의 조카인 조이 팔레올로기나를 아내로 맞이하고 동로마 황제의 후계자를 자청했다. 이런 이유로 이반 3세와 신하들은 모스크바를 고대 로마, 동로마제국의 콘스탄티노플(제2의 로마)에 이은 '제3의 로마'로 칭했다.

러시아의 교회는 양파형의 돔 모양이 많은데, 이는 동로마제국의 비잔티움양식을 계승한 것이다. 고대 로마문화의 부흥을 의식한 이반 3세는 이탈리아 볼로냐의 유명한 건축가 피오라반티를 초대해서 우스펜스키대성당을 짓게 했다. 이는 비잔티움양식의 영향을 받은 러시아건축과 서구의 르네상스양식이 융합한 건축물이다.

또 이반 3세는 화재 확산을 방지하기 위해 크렘린의 북동쪽 성벽 바깥에는 구조물을 건설하는 것을 금지했다. 이 일대는 옛날부터 시장이 열리던 곳으로, 17세기에는 '붉은광장'이라는 통칭으로 불렸다. 이 이름은 붉은 벽돌의 사용에서 비롯된 것이 아니라 러시아 고어로 '붉다'는 말이 '아름답다'를 의미한 데서 유래한다.

이반 3세 때 모스크바공국은 노브고로드공국 등 인근국가들을 차례차례 병합하고, 1480년에는 킵차크한국의 지배를 벗어나 동방의 우랄산맥 일대에서 북극해 연안까지 영토를 확장했다.

1533년, 세 살의 나이로 즉위한 이반 4세는 열일곱 살에 친정을 시작하고 왕위의 호칭을 '차르(czar)'라고 칭했다. 이는 고대 로마제정의 기초를 닦은 '카이사르(Caesar)'라는 칭호가 변형된 것이다. 이 무렵부터 18세기에 러시아제국이라는 국호가 제정되기까지 모스크바공국은 모스크바제국 또는 러시아차르국으로 불렸다. 또한 노브고로드나 모스크바에서 동방으로 펼쳐진 일대는 러시아라고 부르게 되었다.

이반 4세는 몽골계 카잔한국(킵차크한국의 후계국)에 승리한 기념으로 크렘린 밖의 남동쪽에 성바실리대성당(상크트바실리대성당)을 건설했다. 높이도 형태도 다른 아홉 개의 원통형 예배당이 어우러진

크렘린과 우측으로 보이는 우스펜스키대성당

성바실리대성당

알록달록한 건축물이다.

1589년에는 콘스탄티노플 총주교좌로부터 완전히 독립한 '모스크바 총주교좌'가 신설되었다. 이로써 러시아정교회는 동방정교문화권에서 최대 교회조직의 위상을 확립했다.

두 수도를 보유한 제국

17세기 초, 모스크바제국은 '동란 시대'라 부르는 내분의 혼란기에 빠진다(1605~1613년). 그리고 마침내 1613년에 대귀족회의에서 지지를 받은 미하일 로마노프가 차르에 즉위하여 로마노프왕조를 수립했다.

그 후 러시아에서는 점차 상업이 발달하고 유럽에서 이주해 오는 상인도 늘어나 모스크바 교외에 독일인 마을도 형성되었다. 이 무렵 모스크바를 방문한 한 독일인은 당시 모스크바를 다음과 같이 설명했다. "시내의 도로상태가 엉망이고 가옥이 주로 목조로 만들어진 탓에 화재 피해가 많다. 서민들의 집이 농경지와 가까워 도시라기보다 큰 시골 같은 상태. 귀족과 시민 모두 술을 많이 마시고 마늘을 이용한 요리를 좋아한다."

로마노프왕조의 5대 차르인 표트르대제(표트르 1세)는 1703년에 수도를 상트페테르부르크로 옮겼다. 표트르대제는 1721년에 차르의 호칭과 함께 '임페라토르(황제)'를 자처하고 국호를 러시아제국으로 바꾸었다.

주요 관청과 왕궁은 상트페테르부르크로 이전했지만, 모스크바는 상트페테르부르크와 함께 '두 수도'로 불렸다. 황제의 대관식도 모스크바에서 거행되었다. 유럽풍의 상트페테르부르크에 비해 모스크바는 러시아 전통의 분위기가 강했다. 18세기 중반 이후에는 러시아 최초의 대학인 모스크바대학과 러시아 최대의 극장 볼쇼이 극장이 건립되어 문화와 예술도 발전했다. 작곡가 차이콥스키가 상트페테르부르크음악원을 졸업한 후 모스크바를 거점으로 활동하기도 했다.

1812년, 러시아제국은 프랑스 황제 나폴레옹이 이끄는 프랑스군의 침략을 받았다(러시아 원정). 이에 쿠투조프 장군이 이끄는 러시

러시아 원정을 떠나는 나폴레옹 이 전쟁의 완패를 계기로 프랑스 황제 나폴레옹의 몰락이 본격적으로 시작되었다. 러시아에서는 '1812년 조국 전쟁'이라 부른다.

아 병력은 프랑스군을 내륙 깊숙이 유인했다. 막상 나폴레옹이 모스크바에 입성했을 때 러시아군과 주민은 대부분 모스크바에서 철수한 상태였다. 당시 모스크바의 인구는 27만 명에 달했지만 남아 있는 사람은 약 1만에 불과했다. 또 나폴레옹이 입성한 그날 밤 동시다발적으로 대규모 화재가 발생해 도시의 4분의 3이 타버리는 바람에 프랑스군이 사용할 수 있는 물자도 없었다. 설상가상으로 이른바 '동장군'의 습격이 닥치자 프랑스군은 혹독한 추위와 식량부족에 허덕이다 철수했다. 이렇게 나폴레옹의 러시아원정은 대참패로 끝이 났다.

이후 모스크바는 오랜 재건의 노력을 기울였고, 1851년에는 모스크바와 상트페테르부르크를 잇는 철도도 개통했다. 이후 1861년 농노해방령의 선포로 자유의 몸이 된 농민들이 대거 도시로 유입되었고, 이로써 19세기 말 모스크바의 인구는 100만 명까지 증가했다.

전 세계 사회주의 인사들의 교류지

20세기 초에는 1차 세계대전의 장기화로 러시아 국민의 대다수가 어려움을 겪었다. 마침내 1917년 2월혁명으로 로마노프왕조가 붕괴했고, 이어 10월혁명으로 공산당이 실권을 장악했다. 공산당 정권은 서구국가들에 의한 군사침공을 우려해서 이듬해에 상트페테르부르크에서 내륙의 모스크바로 다시 수도를 옮겼다.

공산당 정권은 1922년에 소비에트연방을 결성했다. 2년 후 공산당의 초대 지도자였던 레닌이 사망했고 그의 시신은 붉은광장에 조성된 묘에 안치되었다.

소련정부는 '신국가 건설' 사업의 일환으로 모스크바의 근대화를 추진했다. 교회를 전근대의 상징으로 간주하여 파괴하는 한편 노동자를 위한 주택을 대량

블라디미르 레닌

으로 건설했고, 겨울철에 각 집에 온수를 공급하는 시스템을 정비했다.

1935년에는 지하철이 개통되었다. 지하철 역사는 혁명과 도시개발의 성과를 대내외적으로 과시하듯 호화로운 장식으로 꾸며졌다.

같은 시기에는 지상 100층, 높이 400미터 이상의 웅장한 '소비에트궁전' 건설에 착수했지만 2차 세계대전의 발발로 완공 계획은 수포로 돌아갔다.

1941년에 독일군이 독·소 불가침조약을 깨고 소련 영내로 침공하여 모스크바의 북서쪽 40킬로미터까지 밀고 들어왔다. 정부 수뇌부와 시민들의 소개가 검토되었지만, 러시아 동부로부터 지원군이 파견되고 매서운 추위가 본격화되자 독일군은 모스크바 공략을 단념했다.

2차 세계대전 후, 전승국이 된 소련은 새롭게 성립한 사회주의 세계의 지도자적 위치에 올랐다. 그리고 모스크바는 베트남, 몽골,

쿠바, 소말리아 등 세계 각지의 사회주의국가로부터 혁명운동의 지도자와 유학생이 방문하는 국제적인 도시가 되었다.

공산당 정권하에서의 도시개발

전후의 모스크바에서는 1953년에 지어진 240미터 높이의 모스크바대학 본관을 비롯해 사회주의국가의 위엄을 과시하는 기념비적인 초고층 건축물이 잇따라 건설되었다. 그 대부분은 상부에 첨탑을 설치했는데, 이러한 건축 형식을 당시 공산당 서기장의 이름을 따서 스탈린양식이라고 불렀다.

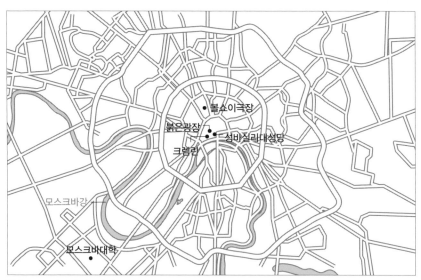

현재 모스크바의 중심 시가지 크렘린을 중심으로 시가지의 주요 도로가 방사상으로 확장되었다.

모스크바대학

하지만 시민의 대다수는 엘리베이터가 없는 값싼 고층 공동주택에 살았고, 전기와 가스는 저렴했지만 식량과 일용품은 만성적으로 부족했다.

모스크바 시민의 일상적인 교통수단은 지하철과 버스였다. 한편 모스크바는 내륙 깊숙이 위치한 지리적 조건 때문에 러시아 각지와 외국으로 가는 항공망이 발달했고, 모스크바의 근교에는 공항이 네 개나 건설되었다.

1980년에는 모스크바에서 올림픽이 개최되었다. 하지만 그 전해의 아프가니스탄 침공으로 소련은 국제적인 비난을 받았고, 많은 국가가 올림픽 참가를 보이콧하는 이례적인 상황을 맞았다. 날이 갈수록 경제 침체가 심각해졌고, 결국 1991년에 소련공산당 해산과 소비에트연방 해체가 선언되었다. 이후 소련은 러시아공화국을 비롯한 열다섯 개의 독립국가로 갈라졌다.

모스크바에는 레닌 등 사회주의 시대 당 간부의 이름을 딴 거리나 동상 및 기념비가 많았는데, 소련 붕괴와 함께 표트르대제나 도스토예프스키와 같은 제정 시대의 인물들로 대체되었다.

현재 모스크바는 미국이나 유럽에도 문호를 열어 새로운 상업시설이 계속 생겨나고 있다. 모스크바 시민은 약 80퍼센트가 러시아인이고, 나머지는 우크라이나인, 유대인, 러시아연방 내외의 아시아계의 민족들이 구성하고 있다.

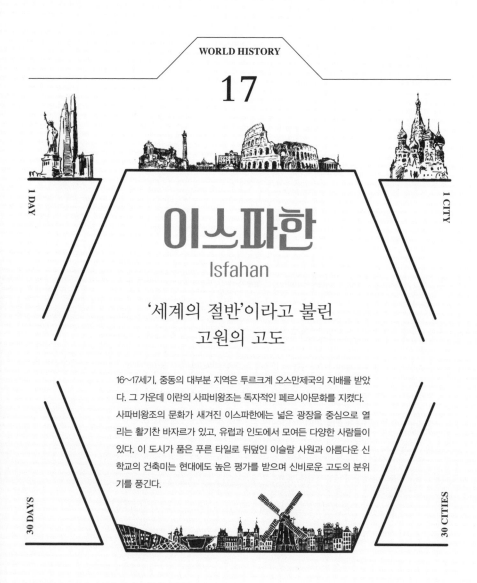

1 DAY

1 CITY

이스파한

Isfahan

'세계의 절반'이라고 불린
고원의 고도

16~17세기, 중동의 대부분 지역은 투르크계 오스만제국의 지배를 받았다. 그 가운데 이란의 사파비왕조는 독자적인 페르시아문화를 지켰다. 사파비왕조의 문화가 새겨진 이스파한에는 넓은 광장을 중심으로 열리는 활기찬 바자르가 있고, 유럽과 인도에서 모여든 다양한 사람들이 있다. 이 도시가 품은 푸른 타일로 뒤덮인 이슬람 사원과 아름다운 신학교의 건축미는 현대에도 높은 평가를 받으며 신비로운 고도의 분위기를 풍긴다.

30 DAYS

30 CITIES

현재 국가	이란이슬람공화국
인 구	약 155만 명(2019년 기준)

물과 녹지가 풍부한 아름다운 고도

중동의 여러 도시 중에서도 아름답기로 손꼽히는 이스파한은 이미 많은 사람에게 알려져 있다. 16~17세기, 사파비왕조 페르시아 시대의 이스파한은 동서 유라시아대륙의 여러 나라 사람들과 온갖 물건들이 모여들어 '세계의 절반'이라는 찬사를 받는 도시였다.

7세기에 이슬람교가 성립하기 전에는 서아시아 대부분이 사산왕조 페르시아의 천하였다. 같은 중동지역이어도 이란의 페르시아인은 아라비아반도의 아랍인과 언어나 문화가 크게 다르다. 현재에도 이슬람교 이전에 보급되었던 조로아스터교의 역법이나 연간 행사를 따르는 등 독자적인 문화를 갖고 있다.

15세기 이란에서는 이슬람교의 시아파와 신비주의 사상이 결합한 사파비 교단이 결성되었고, 사파비 교단의 지도자 이스마일 1세

이스마일 1세

는 1501년에 사파비왕조를 세웠다. 이후 중동 대부분의 국가에서 이슬람교의 주류인 수니파를 신봉하게 되었지만, 이란에서는 시아파가 계속 정권을 잡았다.

오스만제국의 잦은 위협 때문에 사파비왕조는 타브리즈에 이어 카즈빈으로 수도를 옮겨야 했다. 5대 황제 아바스 1세는 물과 녹지가 풍부한 토지에 새로운 수도를 건설하겠다는 이상을 품고, 1598년 카즈빈에서 동쪽의 이스파한으로 천도했다.

고도 1600미터 고원지대에 위치한 이스파한은 수량이 풍부한 자얀데강(자얀데루드강)이 흐르고 녹지가 풍부한 곳이다. 기원전 6세기 아케메네스왕조 시대에 도시의 기틀을 다졌고, 기원후 7세기 중반에 이슬람세력권에 편입되었다. 이후 10세기에는 부와이왕조, 11세기에는 셀주크왕조의 수도였고, 모스크와 시장을 건설하여 교역도시로서 번성했다. 하지만 1228년에 몽골제국에 의해 철저히 파괴당하는 아픔을 겪기도 했다.

누구나 자유롭게 물건을 팔 수 있는 시장

아바스 1세는 구시가지 남부에 신시가지를 건설했다. 신구 도심이 접하는 장소에는 남북 560미터, 동서 160미터의 크기의 광장을 만들었다. '왕의 광장'으로 불렸던 이곳에는 분수가 있는 큰 연못이 있다. 과거에 이 광장은 외국 내빈의 진귀한 보물과 전쟁의 전리품을 자랑하는 전시장이나 왕가의 식전 회장으로 이용되었다.

왕의 광장을 중심으로 모스크, 바자르, 신학교 등이 건설되었다. 건축물에는 기하학적 문양을 그리고 표면에 광택이 나는 유약을 바른, 다채로운 채유타일을 아낌없이 사용했다. 특히 직경 25미터 되는 돔을 갖춘 '왕의 모스크(현재 이맘 모스크)'는 장인이 수작업으로 문양을 그린 타일을 약 50만 개나 써서 장식했다.

이스파한의 바자르는 비바람이나 뜨거운 햇빛을 피하기 위해 지붕(아케이드)을 설치한 곳이 많다. 과거 바자르에는 인도와 아르메니아 등 각지에서 상인들이 몰려들었고 카펫, 모피, 의류, 보석 세공,

이맘 모스크

마구 등 품목별로 구역이 나뉘어 있었다. 특히 커피를 마실 수 있는 카페가 시민의 휴식장소로서 인기가 많았다. 상인뿐 아니라 누구나 시장에 참여할 수 있어, 인근 농가에서 재배한 신선식품을 파는 농부도 있었고 필요 없어진 집의 물건을 내다 파는 시민도 있었다. 이슬람권의 도시지만 술집도 있었다고 한다.

사파비왕조의 기억을 간직한 도시

시내의 신학교에서는 이슬람교뿐만 아니라 그리스철학과 자연과학도 연구했다. 현재 관광객에게 인기가 높은 아바스 호텔은 예전 신학교의 기숙사를 개조한 곳이다. 사파비왕조의 건축, 예술, 학문 등을 담당하는 사람과 기술자는 인도의 무굴제국에 자주 초대되어 무굴건축을 대표하는 영묘 타지마할의 건설에도 참여했다.

이스파한 주민의 인종, 민족, 문화적인 배경은 다양하다. 신도심 남서쪽에는 아바스 1세의 정책에 의해 이주해 온 아르메니아계 그리스도교인과 이슬람교가 확장된 후 소수파가 된 조로아스터교인도 거주했다.

사파비왕조의 특산품인 페르시아 카펫은 유럽에서도 큰 인기를 끌었다. 17세기에 이스파한을 방문한 프랑스 상인 장 샤르댕의 『페르시아 여행』에 따르면, 당시 인구는 약 100만 명이고 상인을 위한 숙소가 1802개, 모스크가 162개, 신학교가 48개, 공중목욕탕이 237

개였다고 한다.

18세기에 접어들어 이스파한은 지금의 아프가니스탄 지역에서 침략한 유목민에 의해 파괴되었다. 이 무렵 수립한 투르크계 카자르왕조는 정치와 경제의 중심지를 북부 테헤란으로 옮겼다. 한편 이스파한에서는 한때 전염병의 유행으로 인구가 10만 명 미만까지 감소했다.

1960년대가 되자, 오랜 역사를 간직한 신비로운 분위기의 고도 이스파한은 해외 관광객의 발길을 끌기 시작했다. 1979년에는 왕의 광장이 세계문화유산으로 등록되었다. 같은 해, 이란혁명으로 왕정이 무너졌고 왕의 광장은 '이맘 광장'으로 이름이 바뀌었다.

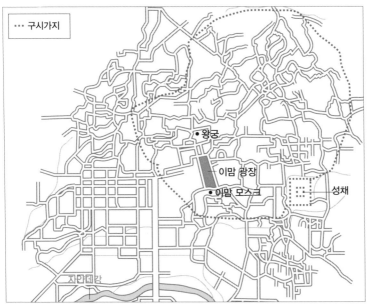

현재 이스파한의 중심 시가지 계획적으로 도로를 반듯하게 정비한 신시가지에 비해 구시가지는 직선도로가 적다.

18

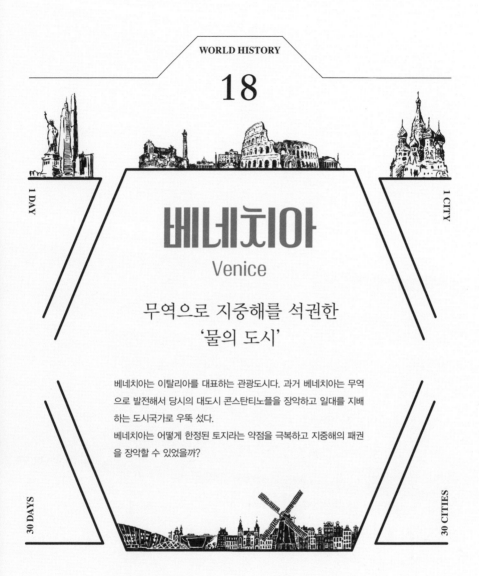

1 DAY

1 CITY

30 DAYS

30 CITIES

베네치아

Venice

무역으로 지중해를 석권한 '물의 도시'

베네치아는 이탈리아를 대표하는 관광도시다. 과거 베네치아는 무역으로 발전해서 당시의 대도시 콘스탄티노플을 장악하고 일대를 지배하는 도시국가로 우뚝 섰다.

베네치아는 어떻게 한정된 토지라는 약점을 극복하고 지중해의 패권을 장악할 수 있었을까?

현재 국가	이탈리아공화국
인 구	약 5만 1000명(2019년 기준)

나무말뚝 위에 선 건물들

석조 건물들이 늘어선 거리 사이로 펼쳐진 무수한 운하. 그 물결 위에 떠 있는 검은 곤돌라. 줄무늬 옷을 입은 사공이 칸초네를 부르며 노 하나로 배를 솜씨 좋게 부린다. 이것이 '물의 도시' 베네치아(영어로는 베니스)의 이미지일 것이다.

베네치아는 이탈리아반도 북동부, 아드리아해의 라구나에 건설되었다. 라구나란 석호를 말한다. 즉 강에서 옮겨 온 토사가 하구 부근에서 파도에 되밀려 퇴적하면서 형성된 지형인 것이다. 베네치아는 해발고도가 낮은 만큼 높은 파도가 발생하면 도시가 물에 잠기기도 한다(아쿠아 알타).

베네치아는 대륙지역과 118개의 섬으로 이루어져 있고 각각 다리로 이어져 있다. 사람들은 수상버스나 수상택시 또는 페리로 이동

베네치아의 위치　베네치아시는 다리로 서로 연결된 여러 개의 섬들로 이루어져 있다.

한다. 관광의 중심지인 베네치아 본섬은 남북 2킬로미터, 동서 4킬로미터로 그리 큰 섬은 아니다.

건물은 연약한 지반에 단단한 나무말뚝을 촘촘히 박아 넣은 뒤 그 위에 돌을 깐 자리에 세운다. 몇백 년이 지나도 그 나무말뚝들이 썩지 않는 이유는 물속에 부식요인인 흰개미나 호기성 부식세균이 없기 때문이다.

하지만 도시의 지반에 서서히 침하가 진행되고 있어, 정부에서는 그 대책으로 대규모 토목공사를 추진하고 있다.

하천에서 바다로 진출한 도시

라구나는 수심이 얕고 물길이 미로처럼 뒤얽혀서 외부의 침입이 어렵다. 그래서 5세기 무렵 이탈리아 본토가 훈족의 습격이나 게르만족의 대이동으로 혼란을 겪을 때 피난민이 이곳으로 밀려들었다. 하지만 본토 땅에 비해 농경에 적합한 토지가 별로 없었기 때문인지 실제 정착한 인구는 얼마 되지 않았다. 이후 6세기 후반에 게르만계 랑고바르드족으로부터 도망친, 베네티어를 사용하는 베네트인이 라 구나에 집락을 형성했다. 베네치아라는 이름은 '베네트인의 토지'라 는 라틴어에서 유래했다.

베네트인 등 이주민이 늘어나며 라구나 안의 섬들에 거주하는 사람도 늘어갔다. 사람들은 주로 어업이나 소금의 생산과 판매로 생 계를 꾸렸다.

베네치아는 표면상으로 동로마제국의 영토였지만 거 의 자치 상태나 다름없었다. 697년에 시민들은 자체적으 로 최고집정관, 즉 국가원수 에 해당하는 '도제(Doge)'를 선출했다. '베네치아공화국' 이 첫발을 내딛는 순간이었 다. 동로마제국은 726년에 도제를 베네치아의 위정자로 승인했다.

한편, 828년에 베네치아 의 두 상인이 이집트의 알렉 산드리아에서 「마가복음」의

성 마르코 유해의 피신 전승에 의하면 이교도들이 마르코의 시 신을 불태우려 하자, 갑자기 천둥과 번개가 쳤고, 놀란 이교도들 이 혼비백산하는 틈을 타 신자들이 시신을 수습하여 교회로 옮겼 다고 한다.

저자로 알려진 성 마르코의 유해를 갖고 돌아왔다. 현재도 남아 있는 산마르코대성당(성마르코대성당)은 이 유해를 안치하기 위해 건립되었다. 산마르코대성당 옆에 있는 두칼레궁전은 당시 베네치아의 행정을 담당한 도제의 관저였다.

베네치아의 주력 산업은 제염업의 독점과 함께 하천을 이용한 교역이었다. 베네치아가 바다로 진출한 것도 그 교역망을 확대하기 위해서였다. 그들은 일단 아드리아해의 섬에 자리를 잡고 약탈을 일삼던 해적들을 소탕했다. 그리고 마침내 10세기에 아드리아해에서 제해권을 확립했고, 동지중해를 중심으로 스페인과 시칠리아를 지배하던 이슬람국가와도 교역을 시작했다.

1082년에는 아드리아해 연안의 방어를 담당하는 대신 동로마제국으로부터 면세특권을 얻었다. 이렇듯 베네치아공화국은 동로마제국 체제하에서 무역권을 확대해 나갔다.

십자군전쟁을 계기로 찾아온 번영

10~11세기경 이탈리아에서는 도시의 상인들이 힘을 길러 봉건영주로부터 자치권을 획득했다. 그렇게 해서 베네치아뿐만 아니라 피렌체, 밀라노 등 공화정 도시국가들이 탄생하고 발전했다.

베네치아는 강력한 함대와 상선을 갖게 되면서 부강한 도시국가로 발돋움했다. 동방세계와의 무역활동도 활발히 펼쳤는데, 후추 등 향신료와 직물을 수입하는 한편 양모제품을 수출했다.

　11세기 말, 유럽의 그리스도교국가들은 이슬람세력으로부터 성지 예루살렘을 탈환한다는 공동의 목적을 내세워 십자군을 결성했다. 십자군 선단의 출항지인 베네치아는 이들에게 배를 제공하고 아울러 상인들도 동행시켰다.

　베네치아의 번영은 특히 4차 십자군 원정을 계기로 더욱 확고해졌다. 1202년, 교황 인노켄티우스 3세의 요청에 따라 북프랑스 제후가 중심이 되어 4차 십자군을 거병했다. 십자군 원정에 필요한 물자 수송은 역시 베네치아 상인이 담당했다. 하지만 원정이 계획대로 진행되지 못하고 수송비 지불에도 차질이 생기자, 베네치아 측은 동로마제국의 수도 콘스탄티노플을 공격할 것을 제안했다. 100만 명 인구의 콘스탄티노플은 명실공히 동서무역의 요충지였다. 베네치아

십자군의 콘스탄티노플 정복

상인은 동방세계와의 무역을 독점하기를 원했던 것이다.

결국 4차 십자군은 아드리아해의 동쪽에 위치한 자라를 먼저 공략한 후, 콘스탄티노플과 주변 섬들을 점령하여 라틴제국을 건국했다. 베네치아는 라틴제국을 발판 삼아 상업과 관련한 특권을 독점했다. 현재 산마르코대성당에 있는 네 마리의 청동말은 이때 콘스탄티노플에서 약탈한 것이다.

1261년에 동로마제국이 다시 부흥하고 라틴제국은 멸망했지만 베네치아는 더 먼 바다로 상업망을 확대했다. 『동방견문록』을 저술한 마르코 폴로도 이 시기에 살았던 베네치아 상인이다. 그 역시 무역활동을 위해 실크로드를 거쳐 중국 원나라를 방문했다.

베네치아는 1378년에서 1381년에 걸친 전투에서 라이벌인 제노바를 격파하고 마침내 지중해의 패권을 장악했다.

시민의 생활을 관리한 현인회

베네치아 전체는 도제라는 통치자가 다스렸지만 각 섬에는 저마다의 개별 공동체가 존재했다. 보통 광장을 중심으로 선착장, 작업장, 교회, 주택 등이 늘어서 공동체를 이루었다. 섬들은 다리와 나룻배로 연결되었고 사람들은 자유로이 왕래했다.

13세기 말이 되자 베네치아의 정치체제에 변화가 생긴다. 부유한 상류층 시민들이 정치를 독점하는 과두정치체제로 이행한 것이다. 이 배경은 운하와 관련이 있다.

베네치아의 운하는 자연적인 지형을 이용한 것이고 운수 외에 도시의 방어에도 이용되었다. 하지만 운하에는 강의 퇴적물이 쌓이기 일쑤여서 '현인회'라는 수리기술자 집단에 의존하는 토목공사가 필요했다. 이들은 해양 정보가 자세히 담긴 지도를 보며 공사를 했는데, 이는 일종의 군사기밀이었다. 이런 이유로 현인회는 점차 배타적인 조직이 되었고 마침내 세습 신분이 되었다.

현재 베네치아의 특산품인 유리 생산이 본격화한 것도 13세기다. 당시 중동지역의 유리가 귀한 대접을 받았는데, 베네치아는 시리아의 유리제조 기술을 도입하여 자체 개발에 성공했다.

이 무렵 도제는 시정의 상징적인 존재일 뿐이었고, 외교와 군사는 대평의회가 담당했다.

1423년에 베네치아의 수익은 750만~1500만 두카트로, 당시 스페인의 수익과 동등했다. 1두카트는 현대의 100만 원 정도의 가치다. 이를 현재의 금액으로 환산하면 7조 5000억 원 정도로 추산된다. 훗날 영국의 극작가 셰익스피어가 베네치아 상인을 등장시킨 작품 『베니스의 상인』을 쓴 것도 당시 베네치아의 부가 유럽 각국에도 잘 알려져 있었다는 사실을 반영한다.

15세기 중반에는 한때 티무르제국에 패하여 주춤하던 오스만제국이 부흥하여 동지중해로 진출하기 시작했다. 1453년에 오스만제국은 콘스탄티노플을 함락하고 동로마제국을 멸망시켰다.

마침내 1498년에 포르투갈이 인도항로를 개척하자 세계무역의 중심은 대서양에 면한 포르투갈의 리스본으로 옮겨갔다. 그리고 베네치아의 번영에 그늘이 드리워졌다.

곤돌라와 도시 경제 사정의 관계

15세기 말, 이탈리아반도의 지배권을 둘러싸고 프랑스와 신성로마제국이 전쟁을 벌였다. 이 이탈리아전쟁의 영향과 오스만제국의 진출로 말미암아 베네치아공화국은 동지중해의 영토를 잃었다.

1571년, 베네치아는 레판토해전에서 스페인과 로마교황의 연합함대와 함께 싸워 오스만제국에 승리했지만, 지중해의 제해권은 되찾지 못했다.

상업국가로서 쇠퇴한 것과는 대조적으로 베네치아의 문화는 르네상스 시기와 맞물리며 더욱 융성했다. 동서 문화가 교류하는 국제무역도시였다는 점이 크게 작용했기 때문이다.

오늘날 베네치아에 있는 곤돌라를 보면 선체가 검은데, 이는 베네치아의 경제력 저하와 관련이 있다.

1633년에 베네치아 정부는 부유층에서 곤돌라의 화려함과 장식 등을 두고 경쟁을 벌이자 사치를 방지할 목적으로 곤돌라 덮개로 '검은 모직물만을 사용해야 한다'는 법령을 발표했다. 이 때문에 곤돌라는 선체도 검은색이 되었는데, 이 법령이 무효가 된 뒤에도 사람들은 습관처럼 곤돌라를 검은색으로 칠하게 되었다. 근세 이후 베네치아가 쇠퇴하지 않았다면 곤돌라의 색은 초창기처럼 빨강이나 파랑 등 밝은색이 많았을 것이다.

공업도시에서 뛰어난 관광도시로

1797년, 나폴레옹이 이끄는 프랑스군이 베네치아를 침공했다. 이후 프랑스·오스트리아와 맺은 캄포포르미오조약에 의해 베네치아 지역이 오스트리아령이 되면서 베네치아공화국은 역사의 뒤안길로 사라졌다. 베네치아공화국은 1000년 이상이나 존속한 공화정 도시

베네치아 풍경

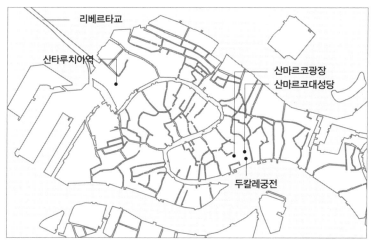

리베르타교

산타루치아역

산마르코광장
산마르코대성당

두칼레궁전

현재 베네치아 본섬 베네치아 본섬에는 현재에도 많은 운하와 수로 그리고 역사적인 건축물이 남아 있다.

국가였다.

　1805년에 아우스테를리츠전투에서 승리한 프랑스가 베네치아를 얻었지만, 1815년에 열린 빈회의 결과로 베네치아는 다시 오스트리아의 지배하에 놓이게 되었다.

　프랑스 통치하에 있을 때 베네치아에서는 나폴레옹의 칙령에 따라 도시개발이 시작되었다. 그 후 오스트리아가 지배하는 상황으로 바뀌고 난 뒤에도 개발은 계속되었다. 그래서 베네치아 북서부와 대륙을 잇는 리베르타교를 1846년에, 베네치아 본섬과 대륙을 잇는 철도를 1861년에 개통할 수 있었다. 이로써 배 이외 다른 교통수단으로 대륙과 왕래할 수 있게 된 것이다. 반면 도시계획 때문에 많은 주택지와 교회가 헐리고 그때까지 주요 교통로였던 운하들이 매립되기도 했다.

1861년에 이탈리아왕국이 수립했고, 1866년에는 오스트리아로부터 독립한 베네치아가 이탈리아왕국에 편입되었다. 이후 베네치아에서는 도로 등 사회기반시설이 정비되었고 도보에 의한 이동 비율이 배를 이용한 비율보다 높아졌다.

1차 세계대전 무렵부터 베네치아는 공업도시로 거듭났다. 하지만 2차 세계대전 후에는 쇠퇴하는 공업 대신 관광산업을 적극 개발했다. 그 결과 베네치아는 현재 유럽의 대표적인 관광도시로 자리 잡았고, 연간 2500만 명의 관광객이 운하가 있는 아름답고 경이로운 풍경을 즐기기 위해 이 도시를 방문한다.

도시국가로서의 베네치아는 사라졌지만, 오랜 역사를 거치며 간직한 아름다운 미술품과 건축물은 여전히 수많은 관광객을 매료시키고 있다.

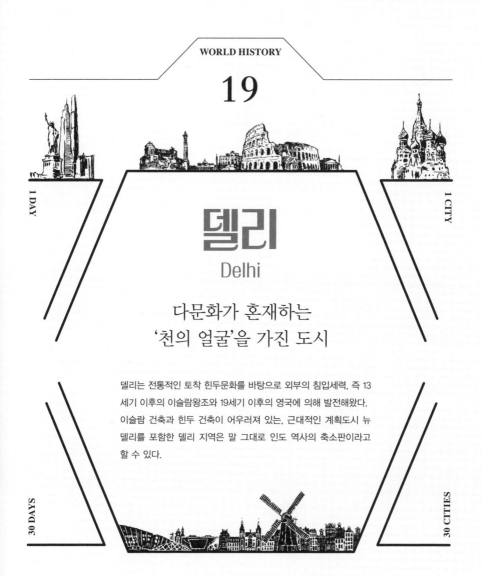

WORLD HISTORY

19

1 DAY

1 CITY

델리
Delhi

다문화가 혼재하는
'천의 얼굴'을 가진 도시

델리는 전통적인 토착 힌두문화를 바탕으로 외부의 침입세력, 즉 13
세기 이후의 이슬람왕조와 19세기 이후의 영국에 의해 발전해왔다.
이슬람 건축과 힌두 건축이 어우러져 있는, 근대적인 계획도시 뉴
델리를 포함한 델리 지역은 말 그대로 인도 역사의 축소판이라고
할 수 있다.

30 DAYS

30 CITIES

현재 국가	인도공화국
인 구	약 2100만 명(2019년 기준)

고대 서사시의 왕자가 다스리던 고도

역삼각형 모양의 인도아대륙 북부 중앙에 위치한 델리는 동쪽으로 갠지스강의 지류인 야무나강이 흐르고 서쪽과 남쪽은 아라발리 구릉지대로 둘러싸인 '델리 삼각지' 지역에 있다. 이곳은 인도아대륙의 서부를 흐르는 인더스강과 동부를 흐르는 갠지스강 물줄기의 분기점에 해당한다. 또 옛날부터 서쪽의 아라비아해, 동쪽의 벵골만, 북쪽의 중앙아시아로 통하는 교통의 요충지였다.

21세기 초인 현재, 델리의 면적은 약 1484제곱킬로미터이고, 인구는 약 2940만 명으로, 규모 면에서 전 세계의 도시 중 다섯 손가락 안에 들어간다.

광대한 델리 지역에는 13세기 이후 '델리 술탄왕조'라 불린 다섯 개의 왕조가 각각 왕성을 지었다. 16세기에 성립한 무굴제국 시대에는 북부에 왕성을 건설했고, 영국 식민지 시대에는 동남쪽에 신도시 뉴델리가 건설되었다. 이 일곱 개의 왕조가 각기 다른 시대에 델리의 각기 다른 지역에서 도시개발을 했기 때문에 델리는 다면적인 얼굴을 갖게 되었다. 그래서 델리는 '일곱 개의 도시' 혹은 '열다섯 개의 마을'로도 불린다.

4세기 전후 인도에서 생겨난 서사시 『마하바라타』에 등장하는 판다바왕자가 다스린 인드라프라스타(산스크리트어로 '천둥신의 평원') 는 흔히 현재의 델리 동부에 해당한다고 하지만, 아직 고고학적으로 입증되지는 않았다.

인도에서는 6세기에 굽타왕조가 멸망한 후 힌두교를 믿는 라지푸트인에 의해 북부의 소왕국들이 분립되었다. 델리라는 지명은 8세기에 그 지역을 지배한 군주의 이름에서 유래했다고 한다.

12세기, 델리의 주변은 막강한 라지푸트족 세력이었던 차하마나(차우한)왕조가 지배했지만, 서방에서 침입해 온 이슬람세력에 자주 시달려야 했다.

이슬람문화를 들여온 왕조

1206년, 투르크계 이슬람 신도였던 아이바크 장군이 인도 북부를 지배하며 델리를 중심으로 새로운 왕조를 세웠다. 이 왕조는 아이바크를 포함한 역대 왕이 노예전사 출신이어서 '노예왕조'로 불린다.

아이바크는 델리 정복을 기념하며 '쿠트브미나르(승리의 탑)'를 건설했다. 높이가 약 72미터나 되는 이 탑의 표면에는 『코란』의 문구를 새겼다. 당시 델리에는 힌두 사원이 27곳 있었는데, 아이바크는 그 사원들을 파괴하고 그곳의 석재로 모스크를 건설했다.

쿠트브미나르의 바로 옆에는 4세기 굽타왕조 시대에 건축된 높이 7미터의 철기둥이 있다. 이는 순도 99퍼센트 이상의 철로 만들어졌는데, 고대 인도의 금속가공 기술의 높은 수준을 보여준다.

쿠트브미나르와 철기둥

첫 번째 델리 술탄왕조인 노예왕조의 성립 이후 320년간에 걸쳐, 할지왕조, 투글루크왕조, 사이이드왕조, 로디왕조가 흥망을 거듭했다. 모두 이슬람 왕족이 힌두교도를 지배하는 체제여서 이 무렵에 이슬람으로 개종하는 사람들이 늘어났다.

힌두교 건축물은 신상 등 장식이 많은 것이 특징인 반면, 우상 숭배를 부정하는 이슬람교 건축물은 종교색이 강한 조각상을 만들지 않고 기하학 문양으로 장식하는 것이 일반적이다. 하지만 델리 술탄왕조 시대를 거치며 델리는 힌두건축과 이슬람건축의 요소가 혼재한 독자적인 양식을 발전시켰다.

무굴제국의 영화를 상징하는 '붉은 성'

16세기에 중앙아시아 대부분을 지배하던 티무르왕조의 후손인 바부르가 현재의 아프가니스탄 땅에서 군사를 이끌고 델리를 침략했다. 로디왕조를 정복한 바부르는 1526년에 무굴제국을 세웠다. 무굴이라는 왕조명은 '몽골'에서 유래했다. 바부르의 부계 조상인 티무르는 몽골제국을 섬겼던 이슬람교 무인이고, 모계 일족도 칭기즈칸의 차남 차가타이의 자손이다.

바부르 이후 2대 황제가 된 후마윤은 북동지역의 수르왕조에게 일시적으로 델리를 빼앗기고 페르시아로 망명했다. 후마윤은 다시 델리를 탈환하고 수르왕조가 건축한 성채를 자신의 왕성으로 삼았다. 이 성은 후에 '푸라나 킬라(오래된 성)'라고 불렸다.

무굴제국 시대의 델리 현재와 비교해 랄 킬라와 야무나강 사이 거리가 더 가까웠다.

후마윤이 사망한 후 3대 황제 아크바르가 델리에서 약 200킬로
미터 동남쪽에 있는 아그라에 왕성을 만들었다. 이어 1628년에 즉
위한 5대 황제 샤자한은 델리의 북동부에 새로운 수도 샤자하나바
드를 건설했다. 이곳은 현재 델리 시내 북부의 '올드델리' 지역에 해
당한다.

또 샤자한은 야무나강 부근에 남북 약 900미터, 동서 약 500미
터 넓이의 부지에 왕성을 건축했다. 붉은 사암을 사용했기 때문에
'붉은 성'이란 뜻의 '랄 킬라'라고 불린다. 왕성에는 서쪽을 향한 대
문인 라호르 문을 포함해 두 개의 주요 성문이 있다. 황제와 신하가

랄 킬라

접견하는 디와니암이라는 큰 궁정에는 고가의 다이아몬드와 루비로 치장된 '공작 옥좌'가 놓여 있었다고 한다.

　도시는 왕성을 중심으로 반경 약 2킬로미터의 부채꼴 형태로 펼쳐졌고, 11개의 문이 있는 6.4킬로미터 성벽으로 둘러싸였다. 시내의 중심에서 약간 남쪽에 있는 자마 마스지드는 인도 최대의 모스크 중 하나로, 1만 명 이상의 예배자를 수용할 수 있다. 또 시내에 1730년까지 100개의 모스크가 신설되었다고 한다.

　약 4제곱킬로미터 넓이의 델리 도심은 외국의 대도시들에 비해 그다지 큰 편이 아니다. 왕성 서쪽의 '찬드니 초크(달빛 거리)'에는 보

자마 마스지드

석상, 귀금속상, 면직물 가게 등이 늘어서 있다. 무굴제국 시대에는
거리 중앙에 물길이 있었지만 현재는 메워졌다. 한편 왕성의 남쪽에
있는 '파이즈 바자르'라는 거리에는 그 이름대로 길 좌우에 바자르
가 있었다.

전란의 무대가 된 아픈 역사

19세기 초 무굴제국 시대 델리의 인구는 대체로 12만~15만 명 정
도로 추정된다. 이 무렵 힌두교 주민은 이슬람교 주민보다 조금 더
많았다고 한다.

무슬림인 왕후, 귀족과 고급관료는
인도 토착 힌두어가 아니라 사파비왕
조와 같은 페르시아어를 공용어로 사
용했다. 그래서 페르시아어로 쓴 시와
같은 문학작품도 많았다. 무굴제국의
지배계급은 델리에 번영을 가져왔지
만, 인도 토착민들 입장에서 보자면 외
지인이었다.

샤자한은 델리 이외 지역에서도 대
규모 건축사업에 힘을 쏟았고, 특히 아
그라에는 왕비 뭄타즈 마할의 영묘인

샤자한

아그라의 타지마할

타지마할을 건설했다. 당시 건축사업에는 페르시아에서 초빙한 기술자들이 큰 역할을 했다. 하지만 아들인 아우랑제브와 대립하던 샤자한은 결국 아그라의 성채에 유폐된 채 만년을 보내야 했다.

18세기 초에 아우랑제브가 사망한 이후 무굴제국은 점차 쇠락했다. 1739년에는 페르시아 아프샤르왕조의 나디르 샤가 침략하여 델리 시민을 대량학살하고 무굴왕가의 수많은 보물을 약탈했다.

한편, 인도 동부의 뱅골 지방은 조금씩 영국의 세력권에 편입되었다. 영국은 1600년에 반관반민의 동인도회사를 설립하는 것을 시작으로 향신료, 차, 면 등의 교역이권을 확대해 나갔다. 18세기에는 인도 각지에 군대를 주둔시키며 지방 영주의 실권을 빼앗고 급기야 징세권까지 얻어냈다.

델리의 남쪽에 펼쳐진 데칸고원 일대에서는 마라타동맹이라는 힌두교도의 독립세력이 영국군과 자주 충돌했다. 결국 1803년에 마라타동맹과 영국군 사이에 2차 마라타전쟁이 벌어졌는데, 이를 계기로 영국군은 델리를 점령하여 왕성의 북서지역에 주둔지를 만들었다.

식민지 시대에 건설된 '뉴델리'

1857년, 대규모 반영운동인 '인도 대반란'이 일어났다. 하지만 영국군은 이를 제압하고 인도 전역을 식민지화했다. 난을 진압하는 과정에서 델리는 황폐화되었지만, 영국인 거류지와 철도역이 건설되고 도심 서쪽에 새 병영지구인 델리군사지역이 조성되었다.

영국은 벵골만과 접한 캘커타(현재 콜카타)에 총독부를 설치했다. 하지만 인도 동부에 치우친 캘커타는 인도 전역을 지배하기에 적합하지 않다고 판단하여, 1911년에 새로운 수도 뉴델리를 건설했다.

1931년에 완공된 뉴델리는 영국 건축가 에드윈 루티엔스의 설계를 기본으로 한 대규모 계획도시다. 중심가인 코노트 플레이스부터 방사형으로 직선의 거리가 펼쳐지도록 했고, 처음부터 하수도를 완비한 위생적인 환경에 공을 들였다. 또 녹지를 많이 조성한 것도

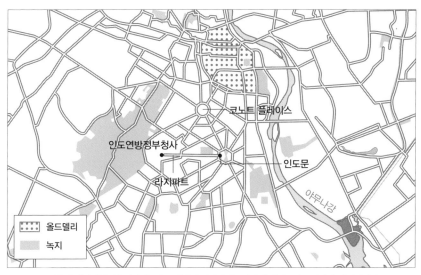

현재 델리의 중심 시가지 영국 식민지 시대에 올드델리의 남서쪽에 뉴델리가 건설되었다.

특징이다. 공원지대에는 일부러 델리 술탄왕조 이후의 역사적인 건물을 남겨놓았다. 뉴델리의 중심지 부근에는 1차 세계대전 때 전사한 인도인 병사를 위한 위령시설인 '인도문'을 세웠다.

1947년에 인도가 독립한 후에도 행정상의 수도 기능은 뉴델리에 집중되었다. 뉴델리는 흔히 '대영제국의 선물'이라고 불린다. 일본에서는 오랫동안 세계지도에 행정부가 있는 뉴델리를 인도의 수도로 표기하고 델리(올드델리)를 따로 적었다. 하지만 실제로 뉴델리는 올드델리와 함께 '델리수도권'이라는 지방행정단위에 포함되기 때문에 2002년 이후부터는 인도의 수도를 '델리'라고 표기하고 있다.

인도 독립에 즈음해서 무슬림이 많이 사는 서부지역과 벵골 지방은 파키스탄(이후 파키스탄과 방글라데시로 분리)이라는 국가로 인도에서 완전히 분리되었다. 이때 파키스탄에 편입된 지역에서 살던 힌두교인이 델리로 대거 몰려들면서 델리의 인구는 약 40만 명 정도가 급증했다. 델리는 13세기 이후 수백 년 동안 이슬람왕조의 수도였지만, 이 일로 1951년에는 힌두교인이 전체 인구의 84퍼센트를 차지하게 되었다.

당시 델리 시내의 지명에는 식민지 시대에 영국인이 붙인 이름이 적지 않았다. 그래서 독립 후 델리는 '킹스웨이' 거리를 '라지파트'로 개칭하는 등 식민지 지배의 잔재를 지워나갔다.

오늘날 델리에는 현대적인 고층빌딩 숲 사이에 힌두교 사원, 인도의 전통 종교인 자이나교의 사원, 나아가 이슬람교의 모스크와 영국인이 세운 그리스도교 교회가 혼재하고 있다. 이렇듯 델리는 다문화가 공존하는 도시로 자리 잡았다.

뭄바이(Mumbai)

영국 주도로 개발된 상공업의 중심지

아라비아해에 면한 뭄바이는 현재 델리에 필적하는 대도시로, 인구는 1800만 명이 넘는다.

원래는 해안에 일곱 개의 섬이 밀집한 작은 어촌지역이었는데, 1534년에 포르투갈이 이곳에 성채를 쌓고 교역거점을 건설하며 발전하기 시작했다.

처음에 포르투갈어로 '좋은 항구'라는 뜻의 '봄바이'로 불렸지만 이후 영국인에 의해 '봄베이'로 불리게 되었다. 하지만 1995년에 힌두교 여신의 이름에서 유래한 옛 이름인 '뭄바이'로 개칭했다.

1661년에 영국에 양도됐던 이 도시는 중동이나 유럽 방면으로 나가기 용이한 입지조건 때문에 동인도회사의 거점이 되었다. 19세기에 영국자본에 의해 방적산업의 중심지가 되었고, 1891년에는 인구 82만 명의 대도시로 성장했다.

인도가 독립한 후에도 뭄바이는 상공업의 중심 도시로 발달했다. 현재는 인도의 최대 재벌인 타타그룹을 포함한 여러 대기업의 본사, 증권거래소와 같은 중요한 금융기관이 모인 인도 최대의 경제도시다.

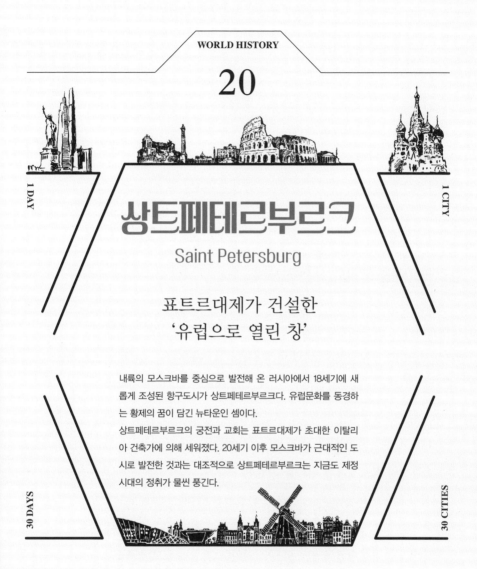

상트페테르부르크

Saint Petersburg

표트르대제가 건설한
'유럽으로 열린 창'

내륙의 모스크바를 중심으로 발전해 온 러시아에서 18세기에 새
롭게 조성된 항구도시가 상트페테르부르크다. 유럽문화를 동경하
는 황제의 꿈이 담긴 뉴타운인 셈이다.
상트페테르부르크의 궁전과 교회는 표트르대제가 초대한 이탈리
아 건축가에 의해 세워졌다. 20세기 이후 모스크바가 근대적인 도
시로 발전한 것과는 대조적으로 상트페테르부르크는 지금도 제정
시대의 정취가 물씬 풍긴다.

현재 국가	러시아연방
인 구	약 543만 명(2019년 기준)

암스테르담을 모델로 삼은 신도시

상트페테르부르크는 20세기에 '페트로그라드', '레닌그라드' 등으로 이름을 잇따라 바꾸고서야 다시 원래 이름으로 돌아왔다. 게르만어 '부르크'와 슬라브어 '그라드'는 '성으로 둘러싸인 도시'를 의미한다. 예를 들어 독일의 함부르크, 세르비아의 베오그라드 등도 성채를 중심으로 발달한 도시다. 상트페테르부르크의 거듭된 개명은 외국과의 관계와 정치체제의 변화를 반영한다.

러시아 영토에서 발트해로 통하는 핀란드만 일대는 유럽으로 드나들 수 있는 바닷길의 관문 역할을 하는 중요한 지역이다. 9세기에 이 지역은 노브고로드공국 건국의 중심지였고 후에 모스크바공국의 세력권으로 흡수되었다. 1617년에는 이 지역을 스웨덴이 점령했는데 18세기 초에 표트르대제가 탈환했다.

표트르대제는 유럽의 선진 공업기술과 문화를 받아들이는 정책을 추진했다. 한때 그는 신분을 감추고 네덜란드에서 배를 만들고 군함을 조종하는 방법을 배운 적도 있다. 이렇듯 유럽의 선진기술 도입에 적극적이었던 표트르대제는 네덜란드의 암스테르담처럼 유럽으로 통하는 연안부에 무역항을 가진 도시를 만들어 수도로 삼고자 했다. 구태의연한 모스크바를 대신할 새로운 수도를 건설하려 한 것이다.

계획의 실현을 위해 표트르대제는 우선 1703년에 네바강 하구에 위치한 자야치섬(토끼섬)에 요새를 만들었다. 이것이 상트페테르부르크의 시작이다. 처음에는 '상트페터르뷔르흐'라고 네덜란드식 발음으로 불렀다. 페테르는 표트르대제가 수호성인으로 삼았던 그리스도교의 성 베드로를 가리킨다.

상트페테르부르크 위치 상트페테르부르크는 핀란드만의 가장 안쪽인 네바강 하구에 위치한다.

현재의 페트로파블롭스크 요새

　후에 성 바울로의 이름을 덧붙여 '페트로파블롭스크 요새'로 이름을 바꾸었다. 이곳은 정치범 수용소로 사용되었다. 초반에는 표트르에게 반기를 들었던 황태자 알렉세이가 수감되었고, 이후에는 러시아혁명을 일으킨 레닌 일행이 갇히기도 했다.

　상트페테르부르크는 모스크바에서 북서쪽으로 약 650킬로미터 떨어진 곳에 위치하고 있으며, 연간 평균기온은 모스크바와 비슷한 섭씨 약 5~6도다. 위도가 높기 때문에 평소 5월 하순부터 7월 중순은 백야가 이어져 한밤중에도 해가 지지 않는다.

　시내를 흐르는 네바강은 구불구불 굽이치며 여러 갈래로 복잡하게 갈라진다. 수면이 도시 총면적의 약 10퍼센트를 차지하는 상트페테르부르크는 '러시아의 베네치아'라고 불리기도 한다. 배 운행이 우선이었기 때문에 19세기까지 하구에는 상설 다리가 없었고 작은 배나 간이 부교를 사용했다. 겨울철에는 얼어붙은 물 위를 걸어서 건널 수 있었다.

하지만 도시가 해발 1.5미터 미만에 위치하기 때문에 가을에 강풍이 불면 높은 파도가 일어 홍수피해가 나기 일쑤였다. 그렇다고 바다와 직접 맞닿은 다른 지역을 찾자니 북극 방면뿐인데, 이쪽은 겨울철에 얼음으로 막혀 배 운항이 곤란했다. 이에 비하면 상트페테르부르크가 훨씬 나은 환경이었다.

모피수출로 쌓은 도시의 부

표트르대제는 새로운 수도의 건설을 위해 약 4만 명의 농노와 약 3000명의 직공을 동원하여 요새

뿐만 아니라 조선소와 관청시설도 만들었다. 시가지는 많은 섬과 모래톱으로 중간중간 끊어진 곳들이 있기는 해도 계획도시다운 직선도로로 구획되었다. 네바강 연안에 있는 해군성부터 주요 도로인 넵스키 대로를 시작으로 방사상으로 길이 펼쳐진다. 원래 넵스키 대로는 남쪽의 노브고로드

표트르 대제

를 경유하여 모스크바까지 이어지도록 할 계획이었다. 현재는 구 해군성에서부터 알렉산드르 넵스키수도원까지 뻗어 있다.

1712년, 도시개발이 끝나자 표트르대제는 상트페테르부르크로 수도를 옮겼다. 그의 명령으로 많은 귀족과 시민이 이주했고, 천도한 지 10년 정도 지나자 인구가 약 10만 명까지 증가했다.

비슷한 시기에 바로 앞 코틀린섬에 크론시타트 해군기지를 건설하여 러시아제국 해군의 주력이 되는 발트함대의 모항으로 만들었다. 무역항에서는 모피나 아마, 더 나아가 곡물이나 석탄을 활발하게 수출하여 많은 외화를 벌어들이고 서구의 공업제품이나 기호품을 수입하기도 했다.

1715년부터 시내의 서부에 '페테르고프궁전(여름궁전)'을 건설했고, 1754년에는 '겨울궁전'을 완공했다. 겨울궁전은 처음에 이탈리아인 건축가 라스트렐리가 설계했는데, 그 후 다섯 번에 걸쳐 개축되었다. 부지 면적은 4만 6000제곱미터에 이르고 현재는 '에르미타주미술관'의 본관으로 사용되고 있다. 에르미타주는 '은둔지'를 의미하는데, 원래는 예카테리나 2세의 개인 소장품을 전시하던 별궁을 지칭했다. 하지만 이제는 겨울궁전 전체를 부르는 이름으로 쓰이고 있다. 이 미술관은 이탈리아 르네상스 시기의 회화 등을 다수 소장하고 있으며 1852년부터 일반인에게 공개되고 있다.

여름궁전

겨울궁전

상류계급에 확산된 프랑스문화

표트르대제가 즉위한 지 100주년이 된 1782년에 겨울궁전의 서쪽에 표트르대제의 청동기마상이 세워졌다. 이후 시인 푸시킨은 「청동의 기사」라는 제목의 장편 서사시로 상트페테르부르크의 상징이 된 이 기마상에 대해 노래했다.

한편, 18세기 말에 상트페테르부르크를 방문한 일본인이 있었다. 알래스카의 알류샨열도에서 조난당한 선원 다이코쿠야 고다유와 그 일행은 4년 동안 그곳에서 지내다가 간신히 러시아 영내에 닿았다. 이후 이들은 귀국 허가를 받기 위해 시베리아를 횡단하여

청동기마상

데카브리스트의 난

1791년에 상트페테르부르크에 다다랐다. 고다유 일행은 도심의 남
동쪽에 있는 예카테리나궁전에서 예카테리나 2세를 알현했다. 그들
을 동정한 여제는 일본인 선원의 귀국을 도와주었다. 이때 해군사관
인 아담 락스만을 동행시켜 에도막부에 러일무역을 타진했지만, 통
상교섭은 이루어지지 않았다.

19세기 전후 상트페테르부르크의 인구는 약 22만 명에 달했다.
그중 3분의 1은 군인과 관료 및 그 가족이었다고 한다. 프랑스혁명
시기, 본국에서 피신해 온 프랑스 귀족이 대거 유입되면서 러시아에
서는 프랑스어가 상류계급의 교양어로 보급되었다.

1819년에는 상트페테르부르크대학이 세워졌는데, 이곳을 중심
으로 유럽의 학술과 사상이 확산되었다. 그러나 황제는 보수적인 전

제정치를 이어갔고 농민의 대다수는 궁핍한 생활에 시달렸다. 이러한 상황 속에서 프랑스 자유주의사상에 영향을 받은 러시아 청년 장교들은 제정개혁을 외쳤고, 결국 1825년에 '데카브리스트의 난(12월 당원의 난)'을 일으켰다. 하지만 이 반란은 정부군에 의해 곧바로 진압되어 실패로 끝났다.

『죄와 벌』의 무대가 된 시내의 운하 주변

19세기 전반에 이탈리아 출신 건축가 카를로 로시가 알렉산드린스키극장 등 로마풍 고전양식의 건축물들을 설계했다. 이로써 지금의 상트페테르부르크 거리가 거의 완성되었다. 1833년에 우편제도가 처음 시작되었고, 그 뒤를 이어 가스등이 보급되었다. 또 약 24킬로미터 남쪽의 차르스코예 셀로(현재 푸시킨시)까지 러시아 최초의 철도가 개통되어 근대적인 도시 인프라가 정비되었다.

1862년에 창설된 상트페테르부르크음악원은 작곡가 차이코프스키를 배출했다. 또 이 무렵 작가 도스토예프스키도 활동했는데, 네바강의 남쪽을 흐르는 그리보예도프 운하 일대에 소설 『죄와 벌』의 무대가 된 빈민가가 있었다.

20세기에 접어들 무렵 상트페테르부르크의 인구는 약 143만 명이 되었다. 1904년에 러일전쟁이 발발했고, 그 이듬해에는 전투의 장기화로 곤궁에 처한 민중이 겨울궁전 앞에 모여 황제 니콜라이 2세에

피의 일요일 사건
이 사건은 '1905년
러시아 혁명'이라고
불린 전국 규모의
반정부 운동의 시작
으로 간주된다. 이
때 시작된 공산주의
운동은 '1917년 러시
아 혁명'의 원동력
이 되었다.

대한 불만을 토로했다. 이에 정부군이 군중을 무력으로 진압했는데, 그 과정에서 1000명 이상의 사망자가 발생하는 사태가 일어났다. 이 참상을 '피의 일요일 사건'이라고 한다.

1914년에 1차 세계대전이 발발하자 독일에 대한 적대감이 퍼져 도시의 이름을 러시아식인 '페트로그라드'로 바꾸었다. 서민들 사이에서는 이전부터 이 이름이 친숙하게 자리 잡았었다고 한다.

로마노프왕조의 몰락과 사회주의체제의 시작

1917년에 러시아혁명이 일어난 뒤 공산당 정권인 소비에트연방이 수립되었다. 혁명의 소용돌이 속에서 니콜라이 2세는 가족과 함께 처형당했다. 1613년부터 시작되어 약 300년간 이어진 로마노프왕조의 마지막이었다.

러시아제국이 해체되자, 페트로그라드보다 서쪽에 있던 에스토니아, 라트비아, 리투아니아의 발트3국이 분리 독립했다(이후 2차 세계대전 중에 재점령). 이에 유럽국가들이 침략해 올지도 모른다는 우려로 공산당 정권은 이듬해에 수도를 모스크바로 옮겼다. 1924년에 러시아혁명을 이끈 레닌이 사망하자, 도시의 이름을 또 바꾸어 '레닌그라드'로 부르게 되었다.

이후 1941년에 독일군이 침공해서 약 900일에 걸친 '레닌그라드 공방전'이 벌어졌다. 이때 독일군의 완전 봉쇄로 생활에 필요한 물자보급이 끊어져 사망한 시민이 약 80만 명에 달했다. 이 중 약 64만 명이 아사로 목숨을 잃었다고 한다.

레닌그라드 거리를 청소하는 시민들

현재 상트페테르부르크의 중심 시가지 운하가 도심을 휘감고 흐르는 상트페테르부르크는 '물의 도시'라고도 불린다.

소련 정부는 전후 레닌그라드의 부흥과 인프라 정비에 힘을 쏟았고, 전투로 파괴된 건물들을 복구하여 이전의 거리 모습을 되찾아 나갔다.

1991년, 소련의 공산당 정권이 해체된 후 도시는 상트페테르부르크라는 이름을 되찾았다. 다만 시가 속한 주의 이름은 그대로 레닌그라드로 남았다.

소련 붕괴 때 발트3국이 다시 분리 독립했기 때문에 상트페테르부르크는 발트해 안에서 가장 중요한 무역거점이 되었다.

1998년에는 처형된 니콜라이 2세와 그 가족의 유해를 상트페테르부르크로 옮겨와 페트로파블롭스크 요새 안에 있는 대성당에 매장했다.

21세기인 현재 모스크바는 초고층빌딩이 들어선 현대적인 상업도시가 되었다. 하지만 이와 대조적으로 상트페테르부르크는 18~19세기의 풍경과 정취가 감도는 건축물이 많이 남아 있어서 전 세계 관광객에게 큰 인기를 모으고 있다.

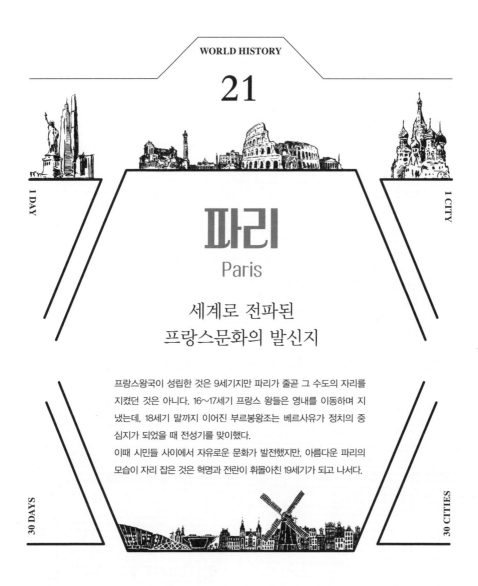

파리
Paris

세계로 전파된
프랑스문화의 발신지

프랑스왕국이 성립한 것은 9세기지만 파리가 줄곧 그 수도의 자리를
지켰던 것은 아니다. 16~17세기 프랑스 왕들은 영내를 이동하며 지
냈는데, 18세기 말까지 이어진 부르봉왕조는 베르사유가 정치의 중
심지가 되었을 때 전성기를 맞이했다.
이때 시민들 사이에서 자유로운 문화가 발전했지만, 아름다운 파리의
모습이 자리 잡은 것은 혁명과 전란이 휘몰아친 19세기가 되고 나서다.

현재 국가	프랑스공화국
인　　구	약 210만 명(2019년 기준)

센강의 작은 섬에서 발전한 도시

에펠탑, 에투알개선문 등 세계적인 관광명소가 많은 파리에서는 프랑스인의 미의식을 반영하여 건물 높이와 옥외 광고에 관한 사항까지 거리의 미관을 해치치 않도록 세세하게 규칙을 정해놓았다.

현재의 파리는 20개의 구역으로 이루어져 있다. 1구는 센강의 시테섬 서부를 포함한 일대로, 이 22만 제곱미터(도쿄돔 다섯 배 이상) 크기의 섬에서 파리의 역사가 시작되었다. 기원전 3세기경, 유럽에 정착한 켈트족의 일파인 파리시족이 시테섬에 집락을 형성했다. 그들의 이름에서 '파리'라는 지명이 유래했다.

고대 로마인은 프랑스를 '갈리아', 시테섬 주변을 '루테티아'라고 불렀는데, 기

파리시족이 사용한 금화

원전 52년에 카이사르가 이끄는 로마군이 이 루테티아를 점령했다.

루테티아는 분지의 중심에 위치하고, 프랑스 중남부의 부르고뉴에서부터 서부 연안의 르아브르에 이르는 센강이 가로질러 흐른다. 이러한 지리적 환경 덕분에 북쪽의 브리튼섬이나 남쪽의 지중해 방면과 교역활동을 하는 데 적합했다. 로마인은 이 땅에 식민도시를 건설하고 서쪽의 루앙이나 남쪽의 오를레앙으로 통하는 도로를 부설했다. 시테섬을 매개로 센강의 양측을 잇는 다리를 놓고, 바둑판 모양의 도시구획을 정비해서 대규모 극장과 원형 경기장을 건설했다. 지중해 여러 도시에서 생산한 도기, 금속제품, 의류 등은 루테티아를 경유해서 갈리아 북부와 브리튼섬으로 유통되었다. 파리시인의 대다수는 선원으로 일했다.

3세기에 로마인들 사이에서는 루테티아가 아니라 '파리시인이 사는 마을'이라는 통칭이 널리 퍼져 이내 '파리'라는 지명이 자리 잡았다.

한편 동쪽에서 게르만인이 갈리아로 침입해 왔다. 로마 황제의 일족인 율리아누스는 갈리아의 탈환을 위해 파리에 거점을 두고 싸웠다. 이후 율리아누스는 361년에 서로마제국 황제로 즉위했다.

수십 년에 걸쳐 건설한 성당

5세기에 게르만인 오도아케르에 의해 서로마 황제가 폐위되었다.

이후 갈리아에는 게르만계 세력이 뒤섞여 들어왔고, 프랑크인을 이끌던 클로비스가 481년에 메로빙거왕조 프랑크왕국을 건국했다. 클로비스는 로마교회와 협력관계를 맺고 그리스도교 아타나시우스파(삼위일체를 주장한 종파)로 개종한 후, 파리의 센강 왼편을 중심으로 많은 교회와 수도원을 건설했다. 이 무렵 파리의 인구는 1만~2만명 정도였다. 당시 파리는 동방에서 온 유대인이나 시리아 상인과 교류했고, 고대 로마 시대부터 이어온 브리튼섬과의 교역활동도 활발히 계속해 나갔다.

프랑크왕국에서는 8세기에 피핀이 왕위에 올라 카롤링거왕조가 시작되었다. 그 아들인 카를대제(카를 1세)는 서유럽의 대부분을 정복했다. 그런데 카를대제는 거듭되는 원정 때문에 파리가 아니라 현재 독일 땅인 아헨에 주로 머물렀다.

카롤링거왕조는 843년 베르됭조약에 의해 서부, 중부, 동부 등 세 지역으로 분할되었고, 이때 성립한 서프랑크왕국이 프랑스의 원형이 되었다. 곧이어 북유럽에서 노르만인 바이킹이 센강을 거슬러 침입해 와 파리의 교회를 파괴하고 약탈을 일삼았다. 이에 카롤링거 가문의 방계이자 파리 일대를 통치하던 우드 백작이 바이킹을 몰아냈다.

987년에 카롤링거 가문이 단절되자 로베르가의 위그 카페가 즉위하여 카페왕조 프랑스왕국을 창시했다.

카페왕조는 파리 센강의 우측을 중심으로 크게 발전했는데, 이 시기에 시테섬의 북동지역 레알(중앙시장)지구에서 많은 농산물과

노트르담대성당

상품이 거래되었다. 시테섬의 남동지역에서는 1163년에 '노트르담 대성당' 건설이 시작되었다. 독특한 두 탑이 있는 이 교회는 천장 높이가 35미터인, 중세 고딕건축 기준으로는 파격적인 크기의 건축물로 1345년에 완공되었다. 교회는 거대한 규모로 신의 권위를 과시했다.

1180년에 즉위한 필리프 2세는 시내의 도로를 판돌로 깔고 센강 양쪽에 성벽을 건설했다. 또 현재 유럽에서 가장 오래된 대학 중 하나가 된 파리대학을 세웠다. 필리프 2세가 건설한 '루브르성'은 이후 수백 년 동안 증개축을 반복했고, 16세기 중기에는 르네상스양식

파리대학

루브르박물관

의 화려하고 장엄한 궁전이 되었다. 프랑스혁명 이후 이 성은 박물관으로 일반인에게 개방되었다.

시민이 힘을 기른 중세 후기

파리의 인구는 13세기에 이미 10만 명에 달했다. 1302년에는 성직자(제1신분), 귀족(제2신분), 평민(제3신분)의 대표들이 모여 세제 등을 논의하는 '삼부회'가 처음으로 노트르담대성당에서 열렸다. 평민 대표도 당당히 참여하게 된 것은 상업이 크게 발달했다는 사실을 반영한다. 왕실 및 귀족을 거래 상대로 하는 모직물 상인, 귀금속상, 금융업자 등 정치적으로 유력한 거상이 늘어난 것이다.

직종별 협동조합(길드)이나 교회에 소속의식을 가지면서, 시민들 사이에서는 혈연이나 지연에 속박되지 않은 개인주의적 기질이 생겨났다. 이를 뒷받침하듯 당시에 여성이 상점 주인이나 의사와 같은 직업을 가지고 세대주가 된 기록도 많이 발견되었다.

오를레앙전투에서의 잔다르크 오를레앙의 성처녀라고도 불리는 잔 다르크는 '프랑스를 구하라'는 신의 계시를 받아 백년전쟁에 참전해 프랑스군의 승리를 이끌었다.

흑사병이 창궐한 마르세유 흑사병 이전의 세계 인구는 4억 5000만 명 정도로 추산되는데, 14세기를 거치며 거의 1억 명이 줄었다. 인구가 흑사병 이전 수준까지 회복되는 데는 17세기까지 시간이 걸렸다.

1328년에는 카페왕조가 끝나고 발루아왕조가 시작되었다. 9년 뒤 영국과 백년전쟁에 돌입하면서 프랑스 시민들과 농민들은 무거운 세금과 식량난에 허덕이게 되었다. 결국 1358년에 파리에서 농민반란이 일어났다.

영국과 프랑스의 백년전쟁은 116년 만인 1453년에 끝이 났지만, 기나긴 전란 후에 페스트(흑사병)까지 유행하면서 중세 말기의 파리는 그야말로 피폐해졌다. 전염병이 창궐한 한 원인으로 열악한 위생·환경 문제를 들 수 있는데, 당시에는 오물을 그냥 길거리에 내버렸다고 한다.

16세기 프랑스에서는 이탈리아 르네상스문화가 널리 퍼지는 한편, 독일에서 활발히 진행되던 종교개혁이 큰 반향을 일으켰다. 그 후 프랑스의 가톨릭신도와 신교도(위그노) 사이에 대립이 격화되면서 결국 위그노전쟁이 벌어졌다. 1572년 8월, 파리에서 신교도가 대량 학살을 당한 '성 바돌로매 축일의 학살'이 발생했고 종교 간 분쟁은 각지로 확산되었다.

파리에 머물지 않았던 국왕

정쟁 때문에 암살당한 앙리 3세의 뒤를 이어 1589년에 앙리 4세가 부르봉왕조를 창시했다. 앙리 4세는 이전부터 공사가 진행되던, 시테섬 서쪽 끝과 오른편 강가를 잇는 석조 다리 '퐁네프(새로운 다리)'

퐁네프 다리

보주 광장

를 완성시켰다. 또 루브르궁전의 동북쪽에 '루아얄 광장(지금의 보주
광장)'을 만들었다. 그는 이에 그치지 않고 파리시의 위생환경 개선
을 위해 상수도를 정비했다.

　16~17세기의 프랑스 국왕은 파리에만 머물지 않고 지방을 순
회하면서 생활했다. 각지의 신민에게 왕의 모습을 보여주며 방문지
에서 세금을 거두기 위해서다. 1643년에 즉위한 루이 14세는 자주
정변이나 전란에 휩싸이던 파리를 어릴 때부터 기피했다. 그래서 파
리에서 서남쪽으로 약 20킬로미터 떨어진 베르사유에 새로운 궁전
을 건설했다. 루이 14세는 재위 중반까지 루브르궁전에서 정무를 보
다가 1680년경부터 정치의 중심을 베르사유궁전으로 옮겨갔다. 이
로 인해 왕실과 파리 시민의 일체감은 점차 사라졌다.

　파리에서는 1670년에 성벽이 헐리고 루브르궁전의 서쪽 끝부

프랑스혁명

터 북서쪽으로 이어지는 '샹젤리제 거리'가 완성되었다. 이듬해에
는 '국립극장(파리오페라좌)'이 문을 열었다. 국왕이 없는 파리에서는
부유한 시민들 사이에 자유로운 사회 분위기가 정착했다. 특히 많은
예술가와 학자가 모여 의견을 나누는 자유로운 토론문화가 형성되
었고 왕후, 귀족과 교회의 권위를 부정하는 볼테르와 루소의 계몽사
상이 확산되었다.

　18세기 말, 파리의 인구는 약 65만~70만 명에 달했다. 당시 대
외 전쟁과 흉작이 계속되던 탓에 시민들의 조세부담이 가중되고 있
었다. 그러던 중 결국 1789년에 파리 시민들이 바스티유감옥을 습
격한 일을 시작으로 프랑스혁명이 일어났다. 삼부회의 평민대표
를 중심으로 한 국민회의가 실권을 잡으며 부르봉왕조는 무너졌고,

파리 국립극장

1792년에 공화정이 선포되었다(제1공화정). 의회가 있던 파리는 다시 정치의 중심지가 되었고, 구체제의 산물이 된 교회와 귀족의 저택들은 파괴되었다. 이때 루브르궁전은 박물관으로 바뀌었다.

나폴레옹 3세의 치세로 완성된 도시

프랑스혁명 후 파리에서는 급진세력과 왕정복고파에 의한 정변이 반복되었다. 최종적으로 혁명정권과 적대국들을 물리친 나폴레옹

이 권력을 장악하고 의회의 지지
를 얻어 황제에 즉위했다. 이로써
1804년에 프랑스 제1제정이 시
작되었다. 2년 후, 나폴레옹은 오
스트리아와 러시아와의 전투에
서 승리한 기념으로 샹젤리제 거
리에 개선문 건설을 시작했지만,
완공은 그의 실각 뒤인 1836년에
이루어졌다.

나폴레옹 3세

　　1814년에 나폴레옹이 실각하
자 부르봉왕조가 부활했다. 하지만 왕조는 1830년 7월혁명으로 다
시 무너지고 입헌군주정의 오를레앙왕조(7월 왕정)가 시작되었다. 그
렇지만 이 역시 1848년 2월혁명으로 무너지고 제2공화정 시대로 접
어든다. 같은 해 12월 나폴레옹의 조카인 루이가 대통령으로 당선되
었고, 2년 후에는 국민투표로 신임을 얻어 황제(나폴레옹 3세)로 즉위
하여 제2제정을 시작했다. 그사이 1837년에는 파리와 생제르맹앙
레 사이에 철도가 개통되었다.

　　당시 파리에서는 인구 급증으로 인해 도시의 위생환경 악화가
우려되고 있었다. 이에 나폴레옹 3세는 센주의 지사 오스만에게 대
규모 재개발(파리개조)을 맡겼다. 오스만은 먼저 노후한 건물과 과거
의 혁명 때 시민이 바리케이드를 쌓았던 좁은 길을 허물었다. 그리
고 에투알개선문을 중심으로 방사상으로 뻗은 도로를 만들고, 지하

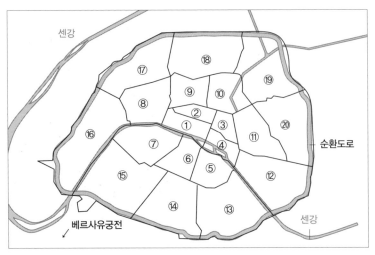

파리의 구역과 명소의 위치 시테섬을 중심으로 점차 도시의 영역이 확대되었다
① 루브르박물관 ①④ 시테섬 ①⑥퐁네프 다리 ③④ 보주 광장 ④ 노트르담대성당 ④⑪⑫ 바스티유
광장 ⑦ 에펠탑 ⑧ 샹젤리제 거리 ⑨ 파리오페라좌(가르니에궁) ⑰개선문 (숫자는 구역 번호)

에 하수시설을 정비했다. 또 도시경관의 통일성을 위해서 건물 높이
를 7층까지로 제한했다.

현재도 파리에는 지어진 지 100년 이상 된 가옥이 적지 않은데,
그 대부분은 제2제정 시기에 건설된 것이다.

이때 파리시의 행정구를 20구로 정했다. 시테섬의 서쪽을 출발
점인 제1구로 정하고 시계 방향으로 둥글게 뻗어가듯 제20구까지
숫자로 배정했다. 그리고 길 양쪽으로는 홀수 번지와 짝수 번지가
마주 보도록 규칙적으로 정리했다.

1850년대에는 파리에서 세계 최초의 백화점이 문을 열었다. 또
철기둥과 유리지붕을 이용한 아케이드식의 상점가(파사주)에서 쇼핑

객이 의류나 가구 등의 전시 상품을 자유롭게 보면서 걷는, 현대적인 상업지구가 생겼다.

처음에는 환영받지 못했던 에펠탑

1870년에 발생한 독불전쟁(보불전쟁)에서 프랑스가 패배하자 나폴레옹 3세는 물러날 수밖에 없었다. 종전 직후 혼란 속에서 임시정부 공화정이 들어선 한편, 파리에서는 일시적으로 노동자 계급에 의한 자치정부(파리 코뮌)가 탄생했다. 하지만 자치정부는 얼마 지나지 않아 정부군에 의해 진압되었고 임시정부를 발전시킨 제3공화정이 수립됐다.

이후 1889년에는 프랑스혁명 100주년을 기념하여 세계 만국박람회가 열렸다. 이때 7구의 센 강변에 높이 300미터가 넘는 '에펠탑'이 세워졌다. 석조 건축물이 대부분이었던 당시에 철골 노출형의 이 거대한 탑이 공개되자 파리의 경관에 어울리지 않는다며 시민들의 항의가 빗발쳤다. 하지만 이 탑은 점차 관광명소로 자리 잡으며 사람들에게 인기를 끌게 되었다.

1889년에 촬영한 에펠탑

20세기에 들어서, 코코 샤넬이 파리에서 모자가게를 창업해서 세계적인 패션 브랜드

68운동　청년과 노동자들이 중심이 되어 기성세대와 가부장적 권위주의에 저항해 프랑스를 뿌리 끝까지 뒤흔든 '68운동'은 유럽을 넘어 전 세계의 변혁운동에 큰 영향을 미쳤다.

로 키워나갔다. 또 화가 피카소, 소설가 조르주 바타유 등 많은 문화인이 모여든 덕분에 파리는 전위적인 초현실주의 예술 등 새로운 문화의 발신지로서 그 지위를 확립했다.

　파리는 관광지로도 큰 인기를 얻으며 '꽃의 도시'라는 찬사를 받았다. 또 전등이 보급되면서 에펠탑에 불을 밝혀 아름다운 야경을 연출하여 '빛의 도시'라는 이름도 얻었다.

　1914년에 발발한 1차 세계대전 중에 독일군이 파리를 포격했지만, 파리는 다행히 큰 피해를 모면하고 종전 후 강화회의의 개최지가 되었다. 그 후 2차 세계대전 때 파리는 독일군에 점령당했지만 시민들은 과감한 저항운동을 벌여나갔다. 1944년에 연합군이 파리를 해방한 후, 미국 군인들이 기념선물을 사기 위해 샤넬의 가게 앞에서 장사진을 쳤다고 한다.

2차 세계대전 중에 영국으로 망명해서 항전을 계속했던 드골 장군은 1959년에 프랑스 대통령으로 정식 취임했다. 하지만 그의 권위적인 정책에 노동자와 학생의 불만이 고조되었고, 1968년에 파리를 중심으로 대규모 폭동(5월 혁명)이 일어나 대통령의 자리에서 물러나게 되었다. 이후 프랑스 현대사에 많은 업적을 남긴 드골을 기리기 위해 에투알개선문이 서 있는 장소를 '에투알 광장'에서 '샤를드골 광장'으로 개칭했다.

프랑스인은 시민의 손으로 이루어낸 프랑스혁명과 도시개발로 가꾼 파리에 대해 상당히 강한 자부심과 애착을 가지고 있다. 프랑스는 1985년부터 파리의 라데팡스 지역에 신개선문 건설을 시작하여 4년 후에 완공했다. 이 구조물은 1989년 프랑스혁명 200주년을 기념하여 만든 것이다.

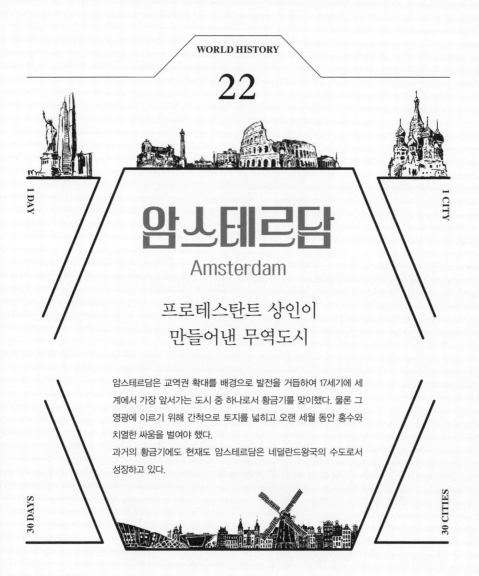

1 DAY

1 CITY

30 DAYS

30 CITIES

암스테르담
Amsterdam

프로테스탄트 상인이
만들어낸 무역도시

암스테르담은 교역권 확대를 배경으로 발전을 거듭하여 17세기에 세계에서 가장 앞서가는 도시 중 하나로서 황금기를 맞이했다. 물론 그 영광에 이르기 위해 간척으로 토지를 넓히고 오랜 세월 동안 홍수와 치열한 싸움을 벌여야 했다.
과거의 황금기에도 현재도 암스테르담은 네덜란드왕국의 수도로서 성장하고 있다.

현재 국가	네덜란드왕국
인 구	약 114만 명(2019년 기준)

풍차가 견인한 국토개척

네덜란드의 특색이라고 하면 국토의 약 4분의 1이 해발 0미터 이하라는 점이다. 수도인 암스테르담의 구시가지를 비롯한 철도와 고속도로는 해발 0미터보다 높은 위치에 있지만, 네덜란드 하늘의 현관인 스키폴국제공항은 해발 0미터 아래에 있다.

토지가 해발 0미터보다 낮으면 물난리가 나기 쉬워 옛날부터 네덜란드는 자주 홍수의 위험에 시달렸다. 그래서 홍수 대책으로 만든 것이 개방형 하굿둑과 강물을 막는 방조제다. 암스테르담이라는 지명도 홍수를 막기 위해 건설된 '암스텔강을 막는 댐'에서 유래했다.

현재 네덜란드의 명물이 된 풍차도 홍수 대책에 도움이 되었다. 원래 밀을 탈곡하기 위해 독일에서 도입한 풍차를 토지에 침입한 바닷물을 배수하는 동력원으로 활용한 것이다. 풍차는 국토를 넓히는

풍차 마을

데에도 유용한 도구가 되었다. 호수와 늪을 메워 간척지를 만드는 데 한몫한 것이다. 스키폴국제공항과 암스테르담 교외에 있는 베임스터르 간척지는 풍차를 이용한 덕분에 조성할 수 있었다.

종교의 관용이 발전의 열쇠

원래 암스테르담은 자위더르해(현재의 에이설호)로 흐르는 암스텔강 하구에 위치한 작은 어촌이었다. 특별한 것 없던 이 도시는 1287년에 홍수로 자위더르해가 넓어져 북해와 이어지자 무역거점으로 주목받게 되었다. 그리고 14세기에 이르러서는 북유럽의 경제권을 지배하던 도시동맹인 한자동맹과 무역활동을 하며 번성하기 시작했다.

　16세기 후반, 암스테르담은 한층 더 발전을 이루었다. 1581년에 네덜란드연방공화국의 수도가 된 데다, 1585년에 브라반트공국의

자위더르 방조제

에이설호

북해

마르케르메이르호

암스테르담

에이호

헤이그

로테르담

암스테르담의 위치 암스테르담항의 선박들은 자위더르 방조제를 통해 북해로 드나든다.

국제적 상업거점 안트베르펜(앤트워프)이 스페인군에 파괴되었기 때문이다. 특히 후자의 영향이 상당히 컸다. 프로테스탄트 상공업자들이 안트베르펜에서 이주해 오자, 그전까지 북해와 발트해 부근에 한정되어 있던 암스테르담의 상업권이 지중해 주변까지 미치게 되었다.

당시에는 포르투갈의 리스본이 향신료 무역을 독점하고 있었다. 그런데 1580년에 가톨릭국가인 스페인이 신교국가인 네덜란드의 상선을 리스본에 입항하지 못하도록 막았다. 어떻게 해서든 자구책을 만들고자 했던 네덜란드 상인은 결국 리스본을 경유하지 않고 동양으로 가는 독자적인 무역망을 개척하기에 이르렀다. 스페인의 조치가 결과적으로 네덜란드의 세계 진출을 가속화한 셈이다.

1602년, 네덜란드는 동양 국가들과 독점적으로 무역을 하는 동

네덜란드 동인도 회사

인도회사를 세웠고, 1621년에는 신대륙과 무역을 하는 서인도회사를 설립했다. 모두 암스테르담 상인들이 중심 역할을 담당했다. 네덜란드는 다른 가톨릭국가들과 달리 무역활동에 선교를 포함시키지 않았는데, 이것이 시장개척에 상당히 유리하게 작용했다. 외국과의 무역을 제한하던 에도시대의 일본과 계속 거래할 수 있었던 것이 그 한 예다.

암스테르담의 상공업도 규모가 확대되었는데, 그 계기는 15세기 후반 스페인에서 발생한 유대인 박해 때문이었다. 박해를 받은 유대인은 프로테스탄트가 많이 거주하고 비교적 종교에 관용적인 암스테르담으로 앞다퉈 이주했고, 정착 후에는 다이아몬드 가공업이나

일본에 거주하는 네덜란드인을 묘사한 회화

금융업에 종사했다. 이들 덕분에 암스테르담에서는 상공업이 한층
더 발전했다. 1609년에는 유대인도 출자에 참여한 암스테르담은행
이 설립되었다. 이를 계기로 자금조달이 순조로워져 네덜란드 상인
은 무역활동을 더욱 확대해 나갈 수 있었다.

　17세기 초에 암스테르담은 든든한 자금을 배경으로 무역활동을
벌이며 대표적인 상업 중심지가 되었다. 이 무렵 이 도시는 전 세계
에서 가장 여유로운 도시로 황금기를 맞았다.

　하지만 17세기 후반에 영국·네덜란드전쟁과 프랑스의 침략으로
국력이 쇠퇴하게 되었다. 이후 1795년에는 프랑스혁명군의 침공을
받아 연방공화국이 붕괴했고, 수도를 헤이그로 삼은 바타비아공화
국이 세워졌다.

1806년, 프랑스 황제 나폴레옹의 동생인 루이 보나파르트를 국왕으로 한 네덜란드왕국이 수립하면서 바타비아공화국은 해체되었다. 루이의 통치하에 수도는 헤이그에서 암스테르담으로 옮겨졌다. 이후 헤이그에는 궁전과 의사당, 각국 대사관이 설치된 한편, 암스테르담은 경제의 중심 도시로 현재까지 이르렀다. 1810년에는 나폴레옹이 루이를 폐위시키고 네덜란드를 프랑스제국의 속국으로 삼았다.

나폴레옹전쟁 후 유럽 각국은 빈회의에서 새로운 유럽의 질서에 대해 논의했고, 그 결과 1815년에 네덜란드 연합왕국으로서 독립을 이루었다. 1830년에는 연합의 한 부분이었던 벨기에가 분리 독립함으로써 현재의 네덜란드왕국이 확립되었다.

19세기 후반이 되자 암스테르담에도 산업혁명의 파도가 밀려왔다. 이에 따라 주춤하던 도시의 무역과 공업이 재개되고 노동인구가 증가함에 따라 도시영역이 확대되었다.

무수한 운하가 흐르는 구시가지

현대 암스테르담의 지도를 보면 시가지가 부채꼴로 퍼져 있음을 알 수 있다. 부채의 중심 부분에는 암스테르담 중앙역이 있다. 그 바로 북쪽에 에이설강을 건너는 페리 승강장이 있고, 남쪽에 암스테르담의 중심인 담 광장이 있으며, 광장의 서쪽에는 네덜란드왕실의 왕궁

네덜란드왕실왕궁

이 있다. 이 지역을 센트럴지구라고 한다.

구시가지의 운하지구가 센트럴지구를 에워싸듯 자리하고 있고, 거미집처럼 흐르는 운하를 따라 거리가 형성되어 있다.

도시 내에 무수한 운하가 흐르고 있어서 암스테르담은 '북쪽의 베네치아'라고도 불린다. 다만 두 도시의 지반은 다르다. 베네치아의 지반이 석호인 것에 비해 암스테르담은 이탄지다. 이탄지란 식물이 완전분해가 되지 않아 생긴 흙(이탄)이 쌓여 형성된 연약한 토양이다. 구시가지 운하지구의 건물은 이 이탄지에 나무말뚝을 박고 그 위에 세운 것이다.

이 운하지구에는 암스테르담의 황금기에 건설된 삼대 운하인

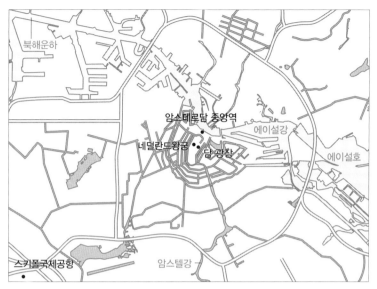

암스테르담의 구시가지 암스테르담 중앙역은 과거에 항구였던 곳에 위치하고 있다.

'헤런 운하', '케이저르 운하', '프린선 운하'가 동심원 모양으로 흐르고 있다. 운하는 원래 방어와 치수를 위해 만들었는데, 이후 상업과 시민의 여가생활에도 활용하고 있다. 현재에는 운하에 하우스보트를 띄워 배 안에서 생활하는 사람도 많다. 그런 하우스보트의 수가 무려 2500척에 달한다.

운하지구 주위에는 환경정비에 따라 형성된 도시확장계획구역이 있다. 이 계획은 19세기 후반 암스테르담시 공공사업국 기사 J. 칼프의 제안을 바탕으로 추진되었다.

당시 인구 과밀현상으로 위생환경과 주택사정이 나빠졌기 때문에 교외에 바둑판 모양으로 도로를 만든 주택지를 새롭게 건설했다.

현재도 이주민에 대응하기 위해 에이설강의 인공섬이나 암스테르담의 북부, 서부, 동부에 공동주택을 지어 뉴타운을 형성하고 있다. 즉 암스테르담은 오래된 지구를 중심으로 동심원 모양으로 계속 확장하고 있는 것이다.

1 DAY

1 CITY

런던
London

19세기에
'세계의 중심'이 된 도시

세계에 군림하던 '대영제국'이 성립하기 이전부터 런던에는 사람들이 모여들었다. 도시는 서서히 규모를 확대했고, 마침내 대영제국의 수도에 어울리는 모습을 드러냈다.
하지만 그렇게 되기까지는 재해를 극복하고 계획적으로 도시를 개조하기 위한 힘겨운 노력이 있었다.

30 DAYS

30 CITIES

현재 국가	그레이트브리튼 및 북아일랜드연합왕국(영국)
인　　구	약 918만 명(2019년 기준)

한 국가의 수도이자 연합국가의 수도

영국의 정식 국명은 '그레이트브리튼 및 북아일랜드연합왕국'이다. 브리튼섬 중남부의 잉글랜드, 북부의 스코틀랜드, 서부의 웨일스, 아일랜드섬 북부의 북아일랜드로 구성된 연합체가 '영국'인 것이다.

런던은 연합국가 영국의 수도인 동시에 잉글랜드의 수도이기도 하다. 런던이 영국의 수도가 된 이유는 잉글랜드가 주도적인 입장으로 다른 세 나라를 병합했기 때문이다.

기원전 700년경, 유럽대륙에서 건너온 켈트인이 후에 런던이라고 불린 이 땅에서 거주하기 시작했다. 하지만 브리튼섬 남부에 로마인이 진출하여 정복한 후 각지에 주둔지를 건설하고 방사상 도로를 깔아 마을들을 연결했다. 그 중심이 된 마을이 '론디니움'이다. 브리튼섬 남부를 흐르는 전체 길이 338킬로미터의 템스강 하류 부근에 위치한 곳이었다.

론디니움은 로마군이 브리튼섬에 상륙하기 위한 항구로서, 기원 후 43년에 템스강 북쪽의 늪지대를 메워서 건설했다. 론디니움이라는 명칭은 켈트어로 '습지의 요새'를 의미한다고 한다. 이후 브리튼섬 중남부는 로마제국의 속주가 되었고 '브리타니아'라고 칭해졌다. 이때 론디니움은 브리타니아에서 생산된 곡물을 대륙으로 보내는 거점이었다.

로마인은 정복지에 자신들의 문화를 보급했다. 그래서 론디니움에 교역을 위한 항만시설뿐 아니라 로마식 공중목욕탕도 건설했다.

스테인드글라스에 묘사된 애설스탠왕

5세기, 본국의 내분으로 로마인이 철수하자 게르만계인 앵글로색슨족이 바다를 건너왔다. 앵글로색슨족은 브리튼섬 중부와 남부를 지배하며 일곱 개의 왕국을 건설했다. 이 무렵부터 론디니움은 '런던'으로 불리게 되었다.

9세기경 '칠왕국'은 북유럽 데인족의 침공을 받았고, 웨섹스왕국을 제외한 브리튼섬의 중남부가 모두 정복되었다. 웨섹스의 알프레드왕은 데인족의 침공을 저지하고 런던을 탈환했다. 후에 알프레드왕의 손자인 애설스탠이 브리튼섬의 중부와 남부(잉글랜드)를 통일하고 잉글랜드왕의 칭호를 사용했다.

1015년에는 덴마크의 크누트가 이끄는 데인족이 다시 잉글랜드를 정복했고, 이듬해 크누트는 잉글랜드왕으로 즉위했다.

과거와 현재로 이어지는 정치의 중심지

크누트가 사망하자 애설스탠왕의 자손인 에드워드가 1042년에 왕으로 즉위하고 템스강의 왼편에 웨스트민스터사원을 건립했다.

에드워드왕이 죽은 뒤 1066년에는 프랑스의 노르망디공 기욤이 잉글랜드로 밀고 들어와 윌리엄 1세로 즉위했다. 그 결과 잉글랜드에 프랑스문화가 유입되었고 노르만인 귀족이 잉글랜드 귀족의 영토를 지배하게 되었다. 이 사건을 '노르만 정복'이라고 한다.

윌리엄 1세의 대관식은 웨스

웨스트민스터사원

17세기의 런던 시내 이 무렵 웨스트민스터지구는 이미 정치의 중심지였다.

트민스터사원에서 거행됐다. 이후 잉글랜드왕의 즉위식은 대부분 이 사원에서 치러지게 되었다.

11세기에는 웨스트민스터사원 옆에 '웨스트민스터궁전'이 건설되었다. 1295년에는 훗날 잉글랜드(영국) 의회의 모델이 되는 '모범 의회'가 국왕 에드워드 1세에 의해 이 궁전에서 개최되었다. 1529년에 헨리 8세가 왕궁을 화이트홀궁전으로 옮긴 이후 현재에 이르기까지 웨스트민스터궁전은 국회의사당으로 사용되고 있다.

이렇듯 대관식이 거행되는 사원과 의사당이 있는 궁전이 존재하는 웨스트민스터지구는 약 1000년 동안 잉글랜드 정치의 심장부로서 기능해 왔다.

또 웨스트민스터지구 내 다우닝가에는 10번지에 총리 관저, 11

웨스트민스터궁전

버킹엄궁전

번지에 장관 관저 등이 있고, 영국여왕인 엘리자베스 2세가 사는 버킹엄궁전도 자리 잡고 있다(주말은 런던 교외의 윈저성에 거주한다).

대화재를 계기로 시작한 도시개조

헨리 8세의 딸로서 1558년에 즉위한 엘리자베스 1세는 영국 절대왕정의 전성기를 이끌었다. 이때 템스강 남쪽에 새로운 상업지구가 형성되는 등 런던이 점차 확대되었다.

하지만 찰스 2세 시대에 런던에 두 가지 재해가 덮쳤다. 1665년에 페스트가 유행하여 약 7만 5000명이 병사했다. 또 이듬해 발생한 '런던 대화재'로 사흘 동안 불길이 잡히지 않아 세인트폴대성당을 비롯한 런던 시내의 대부분 건물이 큰 피해를 입었다.

런던 대화재

피해 규모가 컸던 이유로는 목조 건축물이 많았다는 점, 토지가 좁은 탓에 계속 건물을 위로 증축했다는 점 등을 들 수 있다. 무엇보다 진화에 시간이 걸린 이유는 전년부터의 가뭄과 당시 불어닥친 강풍 탓도 있었다. 또한 템스 강변까지 가옥이 빽빽하게 들어서 방수용 물을 제대로 확보할 수 없었다는 것도 이유가 되었다.

이 대화재를 계기로 찰스 2세는 크리스토퍼 렌을 비롯한 건축가에게 도시 재건을 지시했다. 관련 법안의 정비도 빠르게 추진되어 '재건법'이 제정되었다. 도로 폭이 확장되었을 뿐 아니라 건물 층수가 제한되었고, 벽돌과 석조 이외의 건축물을 새로 건설하는 일이 금지되었다.

이렇듯 주거환경이 개선되면서 더 이상 흑사병이 발생하지 않게 되었다. 이때 찰스 2세는 악취를 뿜던 템스강 주변의 공장들을 외곽으로 이전시키고 강과 건물 사이 공간에 하선장을 만들기도 했다. 증가하는 선박 운송에 대응할 수 있도록 하기 위해서였다.

또 그때까지 해상보험만 유효하던 손해보험의 보장 범위를 확대하여 화재피해까지 보상해 주도록 했다. 이에 1680년에 세계 최초의 화재보험회사 '파이어오피스'가 건립한 것을 시작으로 잇따라 화재보험회사가 생겨났다.

런던 대화재는 런던이 중세도시에서 근대도시로 탈바꿈하는 계기가 되었다. 1600년에 20만 명이었던 인구는 계속 증가했고, 1700년에는 50만 명을 넘어 런던은 유럽 최대 규모의 도시가 되었다.

해가 지지 않는 '대영제국'의 수도

세계 각지에 식민지를 거느린 대영제국은 1837년에 즉위한 빅토리아여왕 시대에 큰 번영을 이루었다.

19세기에는 런던에 열강 각국의 요인을 초대해서 '런던회의'를 비롯한 여러 국제회의를 열었다. 또 1851년에 세계 최초의 만국박람회인 '런던만국박람회'를 개최하여 영국의 국력을 세계에 과시했다.

1884년에는 런던 교외의 '그리니치 천문대'를 통과하는 자오선을 경도 0도로 삼고 세계의 표준시간인 '그리니치 표준시'를 정했

런던만국박람회가 열린 수정궁 박람회를 위해 만들어진 건물인 '수정궁'은 유리와 강철로만 지어졌고, 가로 124미터에 세로 564미터로 약 6만 7000제곱미터의 대지 위에 30만 장의 유리와 4500톤의 주철로 건설되었다고 한다. 1936년 화재로 소실되었다.

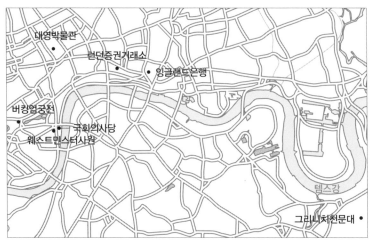

현재 런던의 중심 시가지 런던의 특별행정구역 '시티'는 금융 중심지로 영국중앙은행과 런던증권거래소가 이곳에 있다.

다. 이 시점에서 런던은 지리적으로 세계의 중심이 되었다.

이 무렵은 18세기 후반부터 본격화한 산업혁명에 의해 기계공업이 발달하고 생산성이 크게 향상되는 시기였다. 자본주의사회로 이행한 영국은 '세계의 공장'으로 불렸다. 광대한 해외시장과 풍부한 노동력 그리고 금융시장의 발달이 산업혁명 성공의 요인이라고 할 수 있다.

금융 중심지 '시티'는 현재에도 런던에서 경제의 중심부 역할을 하고 있다. 웨스트민스터지구 옆에 위치한 약 2.9제곱킬로미터의 지역을 가리키며, 정식명칭은 '시티오브런던'이다.

시티의 성립은 12세기경까지 거슬러 올라간다. 상인이 밀집한 지구에 이탈리아인이 은행을 연 것이 이 금융가의 시작이었다. 그 후

1571년에는 왕립거래소(런던 대화재로 소실), 1694년에는 잉글랜드 은행(영국중앙은행)이 설치되었다. 현재 시티는 런던증권거래소와 로이드보험조합 본사 빌딩 등이 있는, 전 세계적으로 내로라하는 금융가다.

도시계획으로 런던 근교가 변모해 가는 중에도 시티는 독립성이 높은 자치체제를 유지했다. 현대의 시티는 런던과는 다른 시장이 정무를 맡고 독자적인 경찰조직도 가지고 있다. 또 영국의 왕권도 미치지 못해 왕족이라도 시티시장의 허가가 없으면 들어가지 못한다. 즉 시티는 런던 안에 있는 또 다른 런던이라고 할 수 있다.

산업혁명은 수많은 노동자의 도시 유입을 초래했다. 런던 서부에는 부유층이 거주했지만, 동부에는 과밀상태의 공업지대와 슬럼가가 형성되어 콜레라와 같은 전염병이나 범죄의 온상이 되었다.

1952년 당시 런던

추리작가 코난 도일이 이러한 시대를 배경으로 탐정소설 『셜록 홈즈』시리즈를 출간했고, 실제로 악명 높은 연쇄살인범 '잭 더 리퍼 사건'이 발생하기도 했다.

당시의 런던은 '안개의 도시'라고 불렸다. 이 안개(스모그)는 화석연료의 연소로 확산된 연기와 매연 등의 대기오염 물질이 그 원인이었다. 대기오염은 20세기 중반까지 계속 되었다. 1952년 12월, 런던에서는 발밑도 보이지 않을 정도로 대기 오염이 심각해져, 기관지 천식으로 목숨을 잃은 사람이 1만 2000명 에 달했다고 한다.

독일군의 공습으로 인한 막대한 피해

인류 역사상 첫 세계전쟁인 1차 세계대전은 1914년에 발발했다. 비 행선이나 항공기가 무기로 사용되었고 런던은 독일군의 폭격을 받 았다. 1915년 5월, 체펠린비행선에 의한 독일의 공습으로 런던에서 는 일곱 명의 사망자와 서른다섯 명의 부상자가 나왔다. 달리 대항 수단이 없었던 런던 시민은 공포에 떨었다.

영국은 1차 세계대전의 최종 전승국이 되었지만, 전란 피해가 큰 데다가 해 외 식민국가들의 독립운동 이 본격화되면서 국력이 쇠 하게 되었다.

1939년에 발발한 2차 세계대전에서 영국은 '브리 튼전투'라 불린 항공전의

브리튼전투 당시 런던 상공의 독일 전투기

전장이 되었다. 특히 독일공군은 런던 대공습을 감행했다. 세계 최초 탄도미사일인 V2로켓도 발사했다. 당시 V2로켓의 공격에는 속수무책이었고, 런던 시가지는 막대한 피해를 입을 수밖에 없었다.

세계의 뉴타운 건설의 모델로

2차 세계대전의 종결이 눈앞으로 다가온 1944년부터 '대런던계획'이 가동되기 시작했다. 이 도시계획은 전쟁 때 입은 공습 피해를 복구하기 위해 세워졌지만, 산업혁명 이후 계속된 런던의 인구집중과 건물의 과밀상태를 해소하겠다는 목적도 더해졌다.

대런던계획의 골자는 크게 세 가지로 나뉘었다. '녹지대 지정(그린벨트)', '뉴타운법', '직주 근접'이다. 이미 존재하는 시가지 주위에 그린벨트를 건설하고 그 바깥쪽에 뉴타운을 건설한다는 내용이었다.

녹지대는 런던 중심부에서 30~50킬로미터 일대에 조성되었다. 이어 1946년에는 무계획적인 도시의 확대를 제한하며, 직장과 주거지와 여가시설 기능을 복합적으로 충족하는 도시를 런던 근교에 건설하는 '뉴타운법'이 제정되었다.

이로써 런던 교외에 스티버니지나 할로 등 8만~10만 인구 규모의 여덟 개 도시가 뉴타운으로 지정되어 개발되었다. 대체로 직장과 거주지가 같은 구역 내에 있어 따로 이동할 필요가 없다는 편리성이 뉴타운의 장점이다.

런던은 세계의 중심이라는 지위는 잃었지만, 일본 최초의 뉴타운인 '센리 뉴타운(오사카부)'이나 '타마 뉴타운(도쿄도)'을 비롯해 세계 각국의 뉴타운 건설의 모델이 되는 등 2차 세계대전 후의 도시개발에 큰 영향을 끼쳤다.

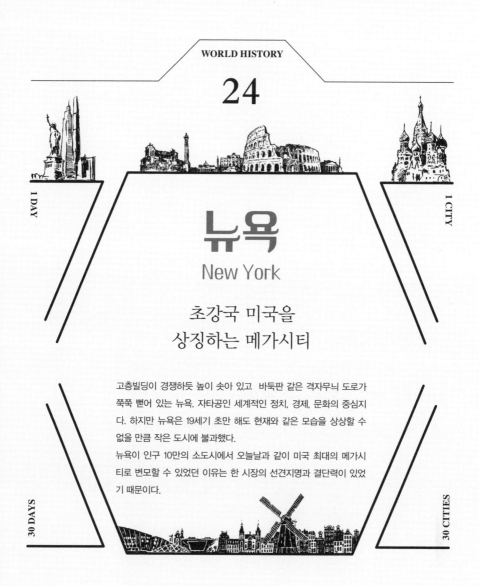

뉴욕
New York

초강국 미국을
상징하는 메가시티

고층빌딩이 경쟁하듯 높이 솟아 있고 바둑판 같은 격자무늬 도로가 쭉쭉 뻗어 있는 뉴욕. 자타공인 세계적인 정치, 경제, 문화의 중심지다. 하지만 뉴욕은 19세기 초만 해도 현재와 같은 모습을 상상할 수 없을 만큼 작은 도시에 불과했다.

뉴욕이 인구 10만의 소도시에서 오늘날과 같이 미국 최대의 메가시티로 변모할 수 있었던 이유는 한 시장의 선견지명과 결단력이 있었기 때문이다.

현재 국가	미합중국
인 구	약 860만 명(2019년 기준)

대서양과 면한 미국 이민의 관문

뉴욕시는 미국 최대의 도시다. 미국 내에서 인구가 가장 많고 땅값과 물가도 가장 높은 지역이다.

2019년에 경영 컨설팅회사 AT커니가 세계 각 도시의 경제, 문화, 정치 등을 수치화해서 발표한 조사에서 뉴욕시는 경쟁력과 영향력 면에서 당당히 최정상의 자리를 차지했다.

뉴욕시는 미국 동부 뉴욕주에 속하며 대서양에 면한 도시이고, 허드슨강과 이스트강 하구의 합류지점에 위치한다.

현재 미국의 인구는 약 3억 3100만 명이다. 그중 거의 90퍼센트가 19세기 말부터 20세기 초에 미국으로 건너온 이주민의 후예다.

당시 뉴욕시 어퍼만의 엘리스섬에는 미국 이민국이 있었다. 유럽 등지에서 배를 타고 건너온 이주민의 눈에 제일 먼저 들어오는

베일을 벗은 자유의 여신상

광경은 엘리스섬 옆의 리버티섬에 세워진 미국의 상징, 즉 '자유의 여신상'이었다. 이민자는 엘리스섬에서 이민심사를 받은 후 정식으로 미국 국민이 되었다. 뉴욕시는 유럽에서 이민국가 미국으로 들어오는 관문이었다.

미국은 유럽에서 건너온 이주민의 값싼 노동력으로 군수산업이나 자동차산업의 규모를 비약적으로 키웠다. 1894년에는 공업생산력 면에서 영국을 제치고 세계 1위가 되었다. 20세기 중반에 미국의 국내총생산(GDP)은 세계총생산의 절반 이상을 차지했다. 하지만 근래 들어 이런 미국의 지위는 중국의 위협을 받고 있다.

시대가 변하여 원거리 이동을 위한 교통수단이 선박에서 항공기로 변했다. 이에 따라 해외에서 들어오는 사람도 엘리스섬이 아닌 뉴욕시의 존 F.케네디 국제공항이나 라과디아공항을 거치게 되었다. 그렇지만 뉴욕시는 여전히 미국의 현관문과도 같다.

미국 최초의 수도

1492년에 콜럼버스가 아메리카대륙에 도착한 후 유럽에 '신대륙'의 존재가 알려지게 되었다. 다만 콜럼버스는 죽을 때까지 이 대륙을 인도라고 믿었다.

유럽 각국은 무역이나 자원을 목적으로 남북아메리카대륙에 앞다퉈 진출했다. 북아메리카 진출에는 영국과 프랑스가 가장 적극적이었는데, 네덜란드도 서인도회사를 설립하며 본격적으로 무역활동에 나섰다.

1625년에 네덜란드 서인도회사는 맨해튼섬에 진출했다. 이곳을 제2의 암스테르담이라는 의미로 '뉴암스테르담'이라 이름 붙이고 비버 등 모피무역의 거점으로 삼았다. 이것이 뉴욕시의 시작이다.

일설에는 네덜란드인이 당시 맨해튼섬에 사는 원주민에게 24달러 상당의 유리구슬을 주고 맨해튼섬을 양도받았다고 한다.

이런 이야기의 진위는 확실히 알 수 없지만, 아무튼 그 땅에 네덜란드인은 성벽을 쌓았다. 이 벽이 있었던 장소에 훗날 거리가 생겼는데, 바로 오늘날 세계 금융의 중심지가 된 '월스트리트'다.

17세기 영국에서는 찰스 1세가 영국국교회 신앙을 강요하고 청교도를 박해하는 일이 일어났다. 이

월 스트리트

올리버 크롬웰

를 피해 1620년에 영국의 청교도인은 메이플라워호를 타고 북미대륙으로 건너갔다. 1640년 영국에서는 찰스 1세의 전제적인 정치로 인해 '청교도혁명'이 일어났다. 혁명을 주도한 크롬웰은 찰스 1세를 처형하고 왕정을 무너뜨렸다. 영국은 일시적으로 공화정으로 이행했지만 크롬웰의 사후, 찰스 1세의 아들인 찰스 2세가 즉위하여 왕정으로 복귀했다.

영국의 내정변화와 상관없이 영국은 북미대륙의 식민지화를 계속 진행했고, 같은 입장인 네덜란드와 대립하게 되었다. 1664년, 영국왕 찰스 2세의 동생 요크가 뉴암스테르담에 군함을 파견했다. 군함을 본 뉴암스테르담의 주민들은 곧바로 항복했고, 이 땅은 그때부터 영국령이 되었다. 지명도 요크 공작의 이름을 따서 '뉴욕'으로 바뀌었다.

1672년에 프랑스·네덜란드전쟁이 발발하고 영국이 프랑스 편에 서자, 네덜란드는 1673년에 뉴욕을 탈환하고 '뉴오렌지'로 개명했다. 그렇지만 이듬해 영국이 다시 점령했고, 웨스트민스터조약에 의해 맨해튼섬은 항구적으로 영국의 영토가 되었다.

이와 같은 역사적 배경으로 뉴욕시에서는 지금도 네덜란드의 흔적을 찾아볼 수 있다. 뉴욕시 깃발의 오른쪽은 네덜란드를 상징하는 오렌지색이다. 또 맨해튼 할렘지구 이름의 유래는 터키어의 '하렘'이 아니라 네덜란드 이주민의 출신지인 '할렘'이다.

이 무렵 영국은 세계 각지에서 전쟁을 벌이며 그 비용 조달을 위해 식민지에 무거운 세금을 부과했다. 영국의 식민지인 북미대륙 사람들은 이에 반발하여 1773년 '보스턴 차 사건'을 일으켰고, 이를 계기로 미국독립전쟁이 본격화되었다. 이때 뉴욕은 영국군의 거점이 되었는데, 영국 본국과 왕래하기 편리하다는 입지조건 때문에 대서양을 오가는 무역항으로 발전하고 있던 중이었다.

프랑스와 네덜란드를 아군으로 삼은 미국은 영국과의 전쟁에서 승리하고 독립을 달성했다. 뉴욕시의 상징인 자유의 여신상은 독립 100주년을 기념하여 우호의 증거로 1886년에 프랑스가 선물한 것이다.

보스턴 차 사건

뉴욕시는 1788년 9월 13일에 미합중국의 초대 수도가 되었다. 그 이듬해에는 조지 워싱턴이 월스트리트의 합중국의회의사당에서 초대 대통령으로 선출되었다. 1790년에 미국 정부는 임시 수도인 필라델피아로 천도했다. 하지만 불과 약 일 년 동안이었어도 뉴욕시는 미국의 수도였다.

천도에는 도시 간 발전의 불균형이 너무 커지지 않을까 하는 우려가 작용한 듯하다. 뉴욕시는 경제도시로서 이미 크게 성장해 있었기 때문이다. 무엇보다 갓 독립한 미국은 연방을 이룬 13개 주 사이에 알력이 생기지 않도록 새로운 수도를 건설할 필요가 있었다. 또 아무래도 연안이라는 뉴욕의 위치 때문에 외부세력의 공격을 받기 쉽다는 방위 문제도 있었던 것으로 보인다.

뉴욕시와 맨해튼

19세기 전반에 금융업이 발달하고 뉴욕시에서는 신교도(프로테스탄트) 중심의 안정된 중류계급 사회가 형성된다. 이와 같은 사회를 배경으로 허드슨강을 거쳐 공업지역인 오대호와 뉴욕항을 잇는 이리 운하가 건설되었다. 마차보다 편리한 운하의 활용으로 생산품의 수송비용은 대폭 줄어들고 무역액이 증가했다.

또 맨해튼섬에 바둑판 같은 도로망을 건설하는 도시계획도 실행되었다. 1811년에 '역사상 가장 위대한 뉴요커'라고 칭송받는 드위

드위트 클린턴

트 클린턴 뉴욕시장이 장차 시의 인구
가 100만 명을 넘을 것이라 예상하고
2000개 이상의 거리구획을 만드는 계
획을 세웠다.

이 계획에 따라 맨해튼섬에는 약
30미터 간격으로 남북으로 이어지는
12개의 애비뉴, 그보다 짧은 간격으로
동서로 가로지르는 155개의 스트리트
가 만들어졌다. 그 결과 1835년에 뉴욕시는 필라델피아를 제치고
미국 최대 규모의 도시가 되었다.

현재 뉴욕시는 맨해튼, 브루클린, 퀸스, 브롱크스, 스태튼아일랜
드 등 다섯 개의 자치구로 구성되어 있다. 이 자치구들은 1891년에
뉴욕시가 주변지역을 병합해서 도시영역을 넓혔을 때에 탄생했다.

통상 미국의 지방행정 단위는 주에 해당하는 스테이트와 그 아
래 카운티, 또 그 아래의 시티, 타운, 빌리지로 구성된다. 하지만 특
이하게도 뉴욕시는 카운티 개념의 다섯 구(버로우)로 구성되었다. 이
는 뉴욕이 영역을 넓히며 주변지역의 기존 자치단체를 폐지하고 대
신에 버로우를 설치했기 때문이다.

다섯 개의 구 중에서 맨해튼은 맨해튼섬의 남측 끝에 있는 지구
다. 뉴욕시의 중심이고 우리가 생각하는 뉴욕 그 자체라고 봐도 무
방하다.

이곳에는 뉴욕시 청사 외에 국제연합(유엔)본부빌딩, 센트럴파

뉴욕시의 다섯 개 자치구 브롱스크만이 본토에 위치하고 나머지 구는 모두 섬 혹은 섬의 일부이다.

크, 메트로폴리탄미술관, 미국자연사박물관, '세계의 교차점'이라 불리는 타임스퀘어, 극장가인 브로드웨이와 쇼핑스트리트인 5번가, 세계의 금융과 증권의 중심지 월스트리트, 록펠러센터 등 다수의 명소가 위치한다.

맨해튼에 이처럼 많은 빌딩이 지어진 이유는 지반이 단단해서 고층건축에 적합하기 때문이다. 또 당시 철골구조에 의해 층을 더 높이 올릴 수 있는 새로운 공법이 발달한 것도 한 이유다.

맨해튼에서 고층빌딩 건설이 시작한 때는 1900년 전후다. 1920년대 후반에는 그야말로 고층빌딩 건축 붐이 일었다. 1930년에 높이 283미터의 '40월스트리트'와 높이 320미터의 '크라이슬러빌딩'이 세워졌고, 이듬해에는 높이 443미터에 102층 건물인

맨해튼 전경

'엠파이어스테이트빌딩'이 완공되었다. 엠파이어스테이트빌딩은
1972년에 세계무역센터가 세워질 때까지 세계에서 가장 높은 빌딩
이었다.

　뉴욕의 지상에서 빌딩이 난립하는 한편, 1904년에는 땅속에서
지하철이 개통됐다. 인구증가와 더불어 나날이 붐비는 마차들로
도로의 교통정체가 심했는데, 지상을 개발하기는 곤란한 상황이었
다. 최초의 지하철은 로어맨해튼과 할렘을 잇는 14.6킬로미터 노
선이었다. 1920년대에는 그 몇 배의 연장선이 만들어졌고, 현재에
는 맨해튼을 중심으로 뉴욕시 전역으로 뻗은 총 노선 길이 375킬
로미터, 연간 이용객 17억 명의 매머드급 지하철이 24시간 운행되
고 있다.

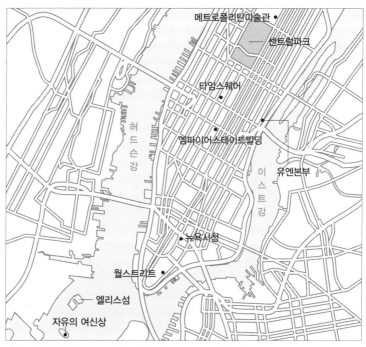

맨해튼의 중심부　맨해튼은 섬의 중앙에서 남쪽으로 유명 관광지가 집중되어 있다.

1940년대 이후 새로운 노선은 만들어지지 않았지만 2017년 마침내 '세컨드 애비뉴노선'이 개통되었다. 이 노선은 1929년에 계획된 것이었지만, 대공황과 시의 재정위기로 공사가 무산되어 건설까지 약 90년이 걸렸다.

미국은 20세기에 냉전체제의 종결과 동시에 세계 유일의 초강대국이 되었지만, 2001년 9월 11일에 일어난 동시다발적 테러사건으로 큰 충격을 받았다. 이때 뉴욕도 막대한 피해를 입었다. 하지만 곧다시 부흥에 힘써 새로운 세계무역센터빌딩을 세웠다. '세계의 수도'라는 이름을 가진 뉴욕에서는 과거뿐 아니라 현재에도 여전히 다양한 인종과 문화가 뒤섞여 새로운 문화를 창조하고 있다.

워싱턴 D.C.(Washington, D.C.)

'건국의 아버지'를 기념한 수도

워싱턴주와 혼동하기 쉬운 미합중국의 수도 워싱턴 D.C.의 정식명칭은 '워싱턴콜롬비아 특별구(District of Columbia)'다.

워싱턴주가 캐나다와 국경을 접한 서해안 태평양 연안에 있는 데 비해, 워싱턴 D.C.는 동해안쪽 메릴랜드주와 버지니아주의 경계에 위치하고 있다. 또한 이 도시는 어느 주에도 속하지 않은 특별구다.

'워싱턴'은 짐작하다시피 미국 건국의 아버지 중 한 사람인 초대 대통령 조지 워싱턴에서 유래했고, '콜롬비아'는 흔히 아메리카대륙의 발견자로 간주되던 크리스토퍼 콜럼버스에서 따왔다.

1790년에 조지 워싱턴이 이곳에 새로운 수도 건설을 제안했다. 그에 따라 프랑스인 건축가의 지휘하에 바둑판 모양으로 구획을 정리하고, 거기에 대각선 모양으로 관통하는 도로를 계획했다.

이 도시계획은 1800년에 완성되었고, 워싱턴 D.C.는 현재에 이르기까지 미국의 수도 역할을 하고 있다.

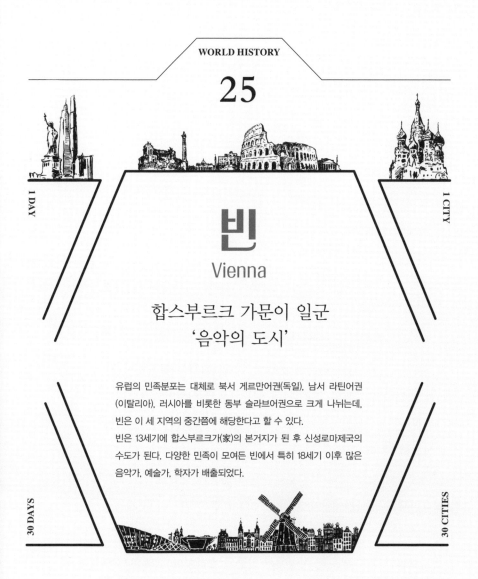

빈
Vienna

합스부르크 가문이 일군
'음악의 도시'

유럽의 민족분포는 대체로 북서 게르만어권(독일), 남서 라틴어권
(이탈리아), 러시아를 비롯한 동부 슬라브어권으로 크게 나뉘는데,
빈은 이 세 지역의 중간쯤에 해당한다고 할 수 있다.
빈은 13세기에 합스부르크가(家)의 본거지가 된 후 신성로마제국의
수도가 된다. 다양한 민족이 모여든 빈에서 특히 18세기 이후 많은
음악가, 예술가, 학자가 배출되었다.

현재 국가	오스트리아공화국
인　구	약 192만 명(2019년 기준)

로마제국 시대부터 물류의 요충지였던 도시

빈은 하이든, 슈베르트, 모차르트, 베토벤과 같은 위대한 작곡가들이 활약한 '음악의 도시'로 명성이 높은 한편, '숲의 도시'라는 이름으로도 유명하다. 실제로 항공사진을 보면, 빈 북부의 아우가르텐공원과 중앙부를 흐르는 다뉴브강(도나우강)을 따라 형성된 일대 등 녹지가 상당히 많다.

고대에 서유럽을 지배하던 로마인은 라인강과 다뉴브강을 동유럽 게르만세력과의 경계선으로 삼고, 다뉴브강과 빈강이 교차하는 지역에 군대의 주둔지를 설치했다. 이곳을 '빈도보나'라고 불렀다.

빈도보나는 북쪽 발트해 지방에서 산출된 호박이나 모피를 남쪽 지중해 연안으로 옮기는 '호박의 길(Amber Road)'과 유럽의 동서를 잇는 '다뉴브의 길'이 교차하는 물류의 요충지였다. 게르만인은 이

카를대제

곳을 '빈'이라 불렀다. 이 도시는 3세기에는 인구 약 1만~2만 명의 자치도시로 발전했지만, 476년에 서로마제국이 해체된 이후에 황폐해졌다.

8세기에 프랑크왕국의 카를대제는 빈 일대를 '오스트마르크(동쪽의 변방)'라 이름 짓고 지방행정관인 변경 백작에게 통치하게 했다. 이 오스트마르크는 훗날 '오스트리아'의 유래가 되었다.

11세기에 십자군 원정이 시작되자 유럽에서 중동으로 향하는 중계지로서 빈의 역할이 중요해졌다. 이와 더불어 빈은 차츰 상업도시로서 성황을 이루었다. 12세기에는 남독일의 귀족 바벤베르크 가문이 오스트리아를 지배했다. 이때 빈에 왕성을 쌓았는데, 현재 빈의 중심부에 해당하는 약 3제곱킬로미터의 영역을 성벽으로 둘러쌌다. 후사가 끊긴 바벤베르크가의 영지는 1246년에 보헤미아(현재의 체코 서부)를 다스리던 오타카르 2세의 손에 넘어갔다.

합스부르크가의 빈 천도

10세기에 현재의 독일이 있는 곳에 가톨릭교회를 든든한 후원자로 삼은 신성로마제국이 자리 잡았다. 1273년에는 스위스를 본거지로 삼은 합스부르크가의 루돌프 1세가 신성로마제국 황제로 즉위하고,

5년 후 오타카르 2세를 무너뜨려 오스트리아를 손에 넣었다. 루돌프 1세는 오스트리아 지배를 확실히 하기 위해 빈으로 천도했다. 하지만 외지인 합스부르크가가 들어와서 자치권을 빼앗아 가자 빈의 상인과 시민이 반발을 하기도 했다.

14세기에 빈은 다른 유럽 도시처럼 페스트를 겪었고, 많은 시민이 사망하는 재난을 맞았다. 하지만 그 후 136.7미터의 높은 탑이

슈테판대성당

빈대학

인상적인 슈테판대성당과 독일어권에서 가장 오래된 대학인 빈대
학을 건축하는 등 중부 유럽을 대표하는 도시로 성장했다.

또 1438년 이후 합스부르크 가문이 신성로마제국의 황위를 거
의 독점하면서, 빈은 오랫동안 제국의 중심이었다.

황도의 지위를 얻은 빈은 중세 후기에 로마와 어깨를 나란히 하
는 가톨릭문화권의 중심지가 되었다. 유럽 여러 나라에서 상인, 성
직자, 학생이 모여들었고, 이교도인 유대인 상공업자도 대거 거주하
고 있었다. 시내에서는 가톨릭의 성찬(빵과 와인을 사용한 그리스도교의
의식)에 사용하는 와인을 대량으로 양조해서 다뉴브강을 통해 유럽
각지로 유통했다.

오스만제국에 대한 두 차례의 승리

신성로마제국은 이슬람
등 외부세력에 여러 차례
침략을 당했다. 13세기에
는 몽골제국이 한때 빈에
서 약 350킬로미터 떨어
진 북쪽의 발슈타트(현재
폴란드의 레그니차)까지 압
박해 왔다.

14세기의 빈 빈은 방어력을 높이기 위해 도시 중심과 외곽에 성벽을 쌓았다.

15세기 이후에는 지
중해와 발칸반도의 패권
을 둘러싸고 오스만제국
과 자주 충돌했다. 오스만제국은 프랑스와 동맹을 맺은 뒤 1529년
에 12만 대군을 이끌고 빈을 포위했다. 하지만 이들은 대형 대포를
갖고 오지 못해 성벽 돌파에 어려움을 겪었다. 장기전을 우려한 오
스만제국군은 겨울이 닥치기 전에 철수했다. 이 '1차 빈공방전'을
계기로 빈은 본격적으로 성벽을 강화했다. 또 1565년에는 페스트와
대화재를 대비하기 위해 상수도를 정비했다.

1618년에는 독일에서 종교전쟁인 '30년 전쟁'이 발발했다. 각지
에서 신교를 믿는 제후가 반란을 일으켰는데, 빈 시내에서도 신교도
인과 황제를 지지하는 가톨릭교인이 충돌했다. 신교국인 스웨덴군은

빈 바로 북쪽까지 들이닥쳤지만 동맹관계인 헝가리군이 도착하지 않자 철수했다.

30년 전쟁으로 신성로마제국의 국제적인 영향력이 쇠퇴한 1683년에 오스만제국이 또 빈을 포위하였다(2차 빈공방전).

오스만제국은 1차 때보다 더 많은 20만 대군을 이끌고 왔는데, 로마교황의 요청으로 폴란드와 스페인 등 가톨릭국가의 지원군이 빈에 집결했다. 이때 폴란드 기병의 활약으로 오스만제국군은 또 다시 철수했다. 오스만제국의 공격에 대항하여 빈을 성공적으로 방어한 일은 그리스도교세력이 이슬람세력보다 우위로 올라서는 계기가 되었다.

한편, 이때 오스만제국군이 철수하면서 남긴 물자 중에 커피콩이 있었다. 이것이 후에 빈에서 꽃피운 카페문화의 시발점이 되었다. 오스만제국을 두 차례나 격퇴하고 나자 합스부르크가의 위상이

1차 빈공방전

쇤부른궁전

높아지고 시민의 안도감이 깊어졌다. 점차 거주민도 증가하면서 시
내에 건축공사가 활발히 이뤄졌다. 17세기 말에는 빈의 남서쪽에
1.7제곱킬로미터 규모의 쇤부른궁전이 개축되었고 성벽은 외곽인
리니엔발 지역까지 확대되었다. 또한 가로등이 설치되면서 밤에도
안전하게 걸을 수 있게 되었고 도시의 치안이 크게 개선되었다.

합스부르크가의 모자가 진행한 도시개조

1740년에 마리아 테레지아가 합스부르크가의 수장이 되고, 1745년에 남편인 프란츠가 신성로마제국 황제로 즉위했다. 독일 북부의 신흥세력 프로이센에 군사적 위협을 받던 마리아 테레지아는 빈의 귀족과 부호 및 우호세력의 지지를 얻기 위해 연극이나 음악회 같은 문화행사에 힘을 쏟았다. 문화·예술계 인사도 후원하여, 특히 오페라를 만드는 음악가는 정부로부터 든든한 지원을 받아 기량을 마음껏 발휘할 수 있었다.

또 출판물의 검열제도도 완화하여 신문이나 잡지 간행이 활발해졌다. 이에 자유로운 표현활동을 추구하는 문화인이 빈으로 모여들었다.

마리아 테레지아의 아들 요제프 2세는 어머니보다 더 선진적인 계몽전제군주였다. 그는 황실의 사냥터였던 프라터지구를 시민에게 개방하고 평상복을 입고 시내의 녹지를 산보했다. 또 1781년에 종교관용령을 반포하고 신교도나 유대교인의 활동규제를 대폭 완화했

베토벤

다. 이로 인해 빈은 점점 더 다양한 민족이 모여드는 도시가 되었다.

이 무렵 빈은 인근지역을 포함하여 인구가 약 20만 명에 달하는 대도시로 성장했다. 이는 런던, 파리, 나폴리에 이어 유럽에서 손꼽히는 수준이었다.

18세기 말, 서부의 본에서 온 베토벤이 빈에서 활약했다. 그가 교향곡 「영웅」의 모티브로 삼은 나폴레옹은 1805년에

빈 국립 오페라극장

빈을 점령했다. 이후 황제 프란츠 2세는 퇴위하고 신성로마제국은 해체되었지만, 1804년에 성립한 오스트리아제국 황제의 지위는 유지했다. 나폴레옹은 빈에 주둔하는 동안 연극을 보거나 하이든을 추모하는 연주회에 참석하기도 했다.

1814년에 나폴레옹이 실각하자, 유럽 각국은 나폴레옹전쟁의 전후 처리를 논의하기 위해 빈회의를 개최했다. 하지만 좀처럼 합의가 이루어지지 않고 연일 무도회만 열리자, "회의는 춤춘다. 하지만 진전은 없다!"라는 불만도 터져 나왔다. 결국 오스트리아 외무장관인 메테르니히의 주도로 프랑스의 왕정복고와 각국의 세력권이 정해졌다. 이 기본적인 틀을 '빈체제'라고 부른다.

　빈체제는 유럽 각국의 왕족에 의한 보수적인 질서 회복을 도모했다. 하지만 1848년에 프랑스에서 2월혁명이 발생했고, 그 여파가 유럽 각지로 퍼져나가 빈에도 불똥이 튀었다. 시내에서는 연일 노동자 폭동이 일어났고, 이를 막기 위해 출동한 군대는 빈 도심을 에워싼 성벽에 가로막혀 진압에 애를 먹었다. 이후 즉위한 신임 황제는 역병의 만연 등을 문제 삼으며 중세 이후부터 존재해 온 성벽을 철거했다. 1865년에는 성벽 자리에 약 4킬로미터의 순환도로인 '링슈트라세'가 건설되었고, 같은 시기에 '빈왕립가극장(현재는 빈국립오페라극장)'이 완공되었다.

예술인과 문화인이 모여드는 교류지

오스트리아제국의 공용어는 독일어지만, 실제로 19세기에 제국에서 사용된 언어는 매우 다양했다. 당시 그곳에는 서슬라브어권에 속하는 체코와 폴란드, 남슬라브어권에 속하는 크로아티아와 보스니아 헤르체고비나, 아시아계 마자르어를 사용하는 헝가리, 라틴어권인 루마니아 등지에서 모여든 사람들이 뒤섞여 있었다. 1859년에는 오스트리아제국 영내에서의 이동이 자유로웠기 때문에 각지의 다양한 민족이 빈으로 흘러들어 왔다. 1890년에 약 136만 명의 인구 중에서 빈에서 태어난 시민은 45퍼센트에 불과했다.

프로이트

비트겐슈타인

예를 들면 빈에서 활약한 음악가 슈베르트와 심리학자 프로이트는 둘 다 모라비아(체코 동부) 출신이다. 철학자 비트겐슈타인처럼 빈에서 태어나고 자라 성인이 된 후에 해외에서 활약한 사람도 있다. 19세기 말부터 20세기 초의 빈은 음악가 말러, 화가 클림트, 소설가 호프만 등 쟁쟁한 문화예술인에 의해 '세기말 빈'이라 불리는 문화조류를 창출했다.

1차 세계대전 직전에는 훗날 독일과 소련의 지도자로서 충돌하는 히틀러와 스탈린이 동시에 빈에 체류하고 있었다. 당시의 빈 시장 카를 루에거는 빈에 다민족이 혼재하는 상황과 재무에 뛰어나다는 이유로 합스부르크가가 유대인을 관리로 중용한 사실에 불만을 품고 배타적인 반유대주의를 강하게 주창했다. 청년기의 히틀러가 루에거의 영향을 받았다고 전해지는데, 일설에는 빈의 미술대학 입시에서 떨어져 유대계 예술가에게 반감을 품었다는 이야기도 있다.

1차 세계대전의 종결 후인 1918년에 오스트리아는 공화정으로 이행했고 합스부르크가는 약 600년에 걸쳐 누려왔던 빈의 주인 자리에서 내려왔다.

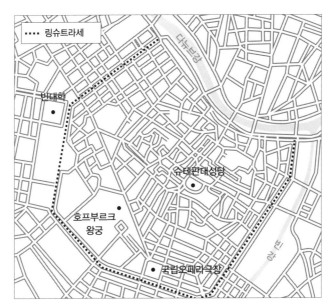

현재 빈의 중심 시가지　과거에 설치된 성벽들은 도시개발을 할 때 철거되었다. 외곽
성벽 자리에는 순환도로 링슈트라세가 들어섰다.

1938년에는 나치 독일이 오스트리아를 병합했다. 이 때문에 전
범국을 지지한 추축국의 도시가 된 빈은 2차 세계대전 후 미국과 소
련 등 연합국에 의해 분할·점령되었다. 1955년, 점령군이 물러간 뒤
오스트리아는 동서 양 진영의 어느 쪽에도 속하지 않는 영구 중립국
을 선언했다. 그리고 40년 후에는 유럽연합(EU)에 가입했다.

합스부르크가에 의해 풍요로운 문화가 발전한 빈에서는 현재에
도 다양한 사람들이 어울려 생활하고 있다. 음악의 도시이자 숲의 도
시인 빈을 찾는 발길은 전 세계에서 여전히 끊이지 않는다.

블타바강과 카를교

프라하

중세의 모습이 감도는 '북쪽의 로마'

합스부르크가가 15세기에 신성로마제국의 황위를 독점하기 전까지 제국의 수도였던 곳이 프라하다.

8세기경부터 블타바강(독일어로 몰다우강)이 가로지르는 일대에 마을이 형성되어 동서 유럽 통상의 요충지로 번성했다. 이 지역을 다스리던 보헤미아의 왕이 1355년에 신성로마제국의 카를 4세로 즉위했다.

이 시기 프라하에는 515미터 길이의 카를교와 중부 유럽에서 가장 오래된 대학인 프라하대학 그리고 교회 등이 건설되었다. 당시 프라하는 유럽 각지에서 상인과 학자가 모여들었고, '백탑의 거리', '황금의 프라하', '북쪽의 로마'라고 불렀던 융성한 도시였다.

17세기 이후 이곳은 합스부르크가의 지배를 받게 되었고, 18세기에는 마리아 테레지아의 치세에 공업지대로 발전했다. 1918년에는 독립한 체코슬로바키아의 수도가 되었고, 1993년에 동부 슬로바키아가 분리해 나간 후에도 여전히 체코의 수도로 남아 있다.

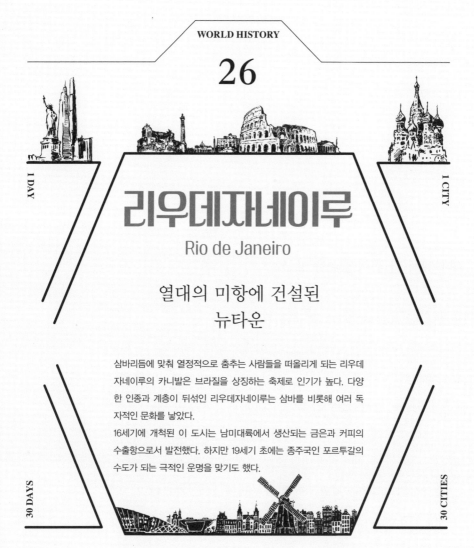

1 DAY

1 CITY

리우데자네이루

Rio de Janeiro

열대의 미항에 건설된
뉴타운

삼바리듬에 맞춰 열정적으로 춤추는 사람들을 떠올리게 되는 리우데
자네이루의 카니발은 브라질을 상징하는 축제로 인기가 높다. 다양
한 인종과 계층이 뒤섞인 리우데자네이루는 삼바를 비롯해 여러 독
자적인 문화를 낳았다.

16세기에 개척된 이 도시는 남미대륙에서 생산되는 금은과 커피의
수출항으로서 발전했다. 하지만 19세기 초에는 종주국인 포르투갈의
수도가 되는 극적인 운명을 맞기도 했다.

30 DAYS

30 CITIES

현재 국가	브라질연방공화국
인　구	약 650만 명(2019년 기준)

세계에서 가장 아름다운 항구

동북아시아에서 볼 때 지구의 반대편에 위치하는 리우데자네이루는 대서양으로 이어지는 구아나바라만 연안에 있다. 에메랄드빛 바다 가까이 아마존 밀림이 펼쳐지고, 구아나바라만 어귀에 '팡데아수카르(포르투갈어로 설탕빵을 뜻함)'라는 거대한 기암이 솟아 있는 경관으로 유명한 리우데자네이루는 미국의 샌프란시스코, 오스트레일리아의 시드니와 함께 '세계 3대 미항'으로 손꼽힌다.

리우데자네이루는 남반구에 있기 때문에 12월부터 4월이 여름 우기에 해당한다. 여름의 평균기온은 섭씨 27도이고 겨울에도 22도로, 일 년 내내 온난한 기후다.

이 일대에서는 8세기경부터 바닷가 연안에서 어업으로 살아가는 타모이오스족, 내륙 삼림에서 수렵생활을 하는 투피족 등 선주민이 정주하고 있었다.

1502년 1월, 대서양을 건너온 포르투갈인 탐험가 가스파르 지 레모스 일행이 구아나바라만에 도착했다. 그들은 그 땅을 강의 하구라고 생각하고 '1월의 강'이라는 의미의 '리우데자네이루'라고 명명했다.

포르투갈인들은 처음에 선주민의 저항에 부딪쳐 입식지를 만들지 못했는데, 그사이에 많은 프랑스인이 들어왔다. 결국 프랑스인과 포르투갈인 사이에 항쟁이 벌어졌고, 1567년에 군인이자 관료였던 에스타시오 지 사가 프랑스인을 몰아냈다.

브라질은 대체로 열대기후로 밀 재배에 적당하지 않다. 그래서 포르투갈인은 선주민을 노예로 만들어 사탕수수 대농장을 개척하고 내륙에서 금이나 다이아몬드 채굴에 나섰다. 리우데자네이루는 이들의 수출항이 되었다. 포르투갈은 처음에 브라질 식민지의 수도를 상파울루로 정했다. 하지만 18세기에 리우데자네이루가 경제의 중심지가 되면서, 1763년에 수도 기능을 리우데자네이루로 옮겼다.

통째로 이전해 온 포르투갈 왕실

1807년, 나폴레옹이 이끄는 프랑스군의 침공을 받아 포르투갈의 수도 리스본이 점령당했다. 약 1만 5000명의 왕족, 귀족 및 관료와 그 가족은 영국해군의 지원을 받아 대서양을 건너 리우데자네이루로 포르투갈의 수도를 옮겼다. 유럽의 한 왕실과 지배계급이 통째로 남미로 이사를 한 것이다.

당시 리우데자네이루의 인구는 약 3만 명으로, 주민의 대부분은 아프리카에서 끌려온 흑인노예였다. 학교와 같은 문화적인 시설이 거의 없었기 때문에 포르투갈인은 왕궁, 교회, 극장, 도서관, 박물관 등의 시설을 잇따라 건설했다.

나폴레옹은 1814년에 실각했지만, 포르투갈 왕족은 브라질에 대한 지배를 유지하기 위해 계속 리우데자네이루에 머물렀다. 그리고 브라질을 식민지에서 포르투갈 본국과 대등한 지위로 격상시켜 연합왕국(포르투갈·브라질·알가르브 연합왕국)을 구성했다.

포르투갈은 그 이전까지 브라질 주민을 대농장 경영에 집중시키고 상공업 발달을 제한했는데, 천도 후에는 이 방침을 대폭 수정했다. 리우데자네이루는 화물에 관세를 물지 않는 자유항이었다. 이런

포르투갈 · 브라질 · 알가르브 연합왕국의 판도 이 왕국의 영토는 유럽, 남아메리카, 아프리카의 세 대륙에 걸쳐 있었다.

이점으로 1806년에 90척이던 입항 상선의 수가 1820년에는 354척까지 증가했는데, 그 대부분이 영국 배였다. 급속하게 도시화가 진행된 리우데자네이루는 몇 년 사이에 인구가 10만 명까지 늘어났으며, 영국이나 프랑스 상공업자와 문화·예술인 이주자도 많아졌다.

브라질에서는 산업의 발달과 함께 포르투갈로부터의 독립을 주장하는 목소리가 커졌다. 독립파는 포르투갈 왕족이 본국으로 돌아간 그 이듬해인 1822년에 총독으로 남아 있던 왕자 돈 페드루를 황제로 옹위하고 '브라질제국'의 건국을 선언했다. 독립 후 브라질에서는 점차 사탕수수보다 값싼 설비투자로 재배할 수 있는 커피 대농장을 기간산업으로 삼았다. 내륙의 농작지대와 리우데자네이루의 수출항을 연결하는 철도망도 정비했다.

리우데자네이루를 한눈에 전망할 수 있는 코르코바도 언덕은 현재 국립공원이 되었지만, 19세기 중기에는 커피 농장이 펼쳐진 곳이었다. 표고 약 700미터의 언덕 위에는 브라질 독립 100주년을 기념해서 세운 38미터 높이의 예수상이 리우데자네이루의 랜드마크로서 우뚝 서 있다.

빈곤층을 달래주는 삼바의 고향

브라질은 1888년에 노예제를 폐지하고 이듬해에 공화정으로 이행했다. 이 무렵 리우데자네이루의 인구는 약 50만 명에 달했는데, 새

리우데자네이루 전경

카니발 현장

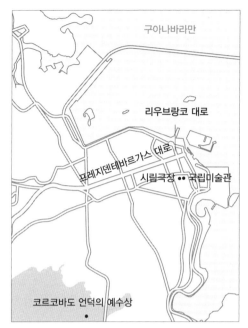

현재 리우데자네이루의 중심 시가지 리우브랑코 대로를 중심으로 고층빌딩, 은행, 호텔 등 주요 건물이 많다.

로운 주민의 대다수는 해방된 노예 등 빈곤층이 많았다. 그래서 무엇보다 위생과 치안 악화가 큰 문제였다.

1902년에 로드리게스 알베스 대통령에 의해 리우데자네이루의 시장에 임명된 페레이라 파소스는 청년기에 프랑스로 유학을 가서 당시 파리 지사 오스만이 추진한 근대적인 도시계획을 배웠다. 파소스는 파리를 모델로 삼아 대대적인 도시개조를 진행해 전체 길이 약 3000미터의 리우브랑코 대로를 정비하고 시청, 국립미술관, 극장 등을 새롭게 건축했다.

대다수 빈곤층은 파소스 시장의 재개발정책으로 교외로 내몰렸고, 근교에 '파벨라'라는 빈민가가 형성되었다. 이 파벨라에 사는 흑인들이 만들어낸 댄스음악에서 삼바가 탄생했는데, 매년 2월 전후에 개최되는 카니발(사육제)과 결합하며 1920년대에 브라질 전역으로 퍼졌다. 리우데자네이루에서는 인종과 계층을 초월한 문화가 융합했고, 1950년대에는 대중적인 흑인음악이던 삼바를 부유층 백인이 변형한 보사노바가 널리 퍼졌다.

리우데자네이루는 도시의 성장과 함께 인구과밀 문제가 심각해졌다. 브라질 전체적으로도 연안지역에 대도시가 집중되어 있었기 때문에 정부는 독립 이후 내륙으로 수도를 이전할 것을 검토했다. 그리고 1960년에 새로운 수도 '브라질리아'가 완성되어 주요 행정기관이 리우데자네이루를 떠났다. 하지만 그 후로도 리우데자네이루는 2014년 월드컵대회와 2016년 올림픽을 개최하는 등 문화·상업 중심지로서 계속 발전하고 있다.

상파울루(São Paulo)

다양한 인종과 민족이 모이는 대도시

리우데자네이루에서 서쪽으로 400킬로미터 정도 떨어진 곳에 위치한 상파울루는 남반구에서 손꼽히는 대도시다. 표고 750미터의 고지대에 위치하고 있는데, 위도가 거의 비슷한 리우데자네이루보다 조금 더 시원한 편이다. 인구는 약 1100만 명이다.

상파울루는 포르투갈인이 1554년에 도시의 기초를 닦은 뒤에도 한참 잠자고 있다가, 19세기 중기에 커피재배가 브라질의 기간산업이 된 이후에 급속하게 발전했다. 1890년대에는 인구가 약 6만 명에서 약 24만 명으로 증가했고, 20세기에 리우데자네이루를 능가하는 브라질 제일의 공업지대가 되었다.

상파울루의 특징은 다양한 인종과 민족이 어우러진 도시라는 점이다. 포르투갈계뿐만이 아니라 이탈리아계, 독일계 외에 중국인과 아랍인 등 아시아계 이주민도 많이 거주하고 있다. 1900년 전후부터 이민을 온 일본계 주민이 현재 약 100만 명에 달한다. 동남부의 리베르다지 지역에는 일본과 중국 출신이 많은 동양인 거리가 형성되어 한자 간판을 내건 가게를 어렵지 않게 찾아볼 수 있다.

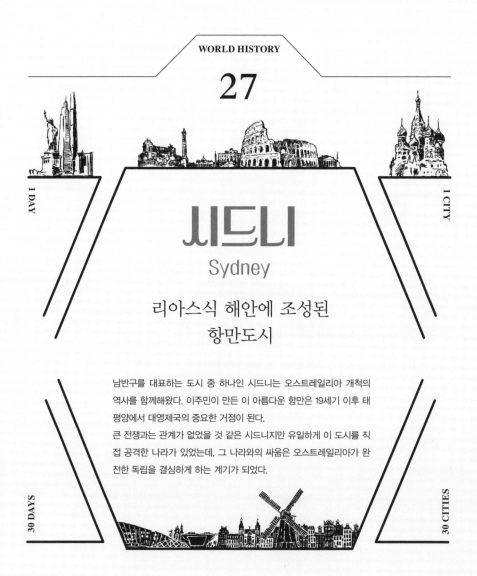

1 DAY

1 CITY

30 DAYS

30 CITIES

시드니
Sydney

리아스식 해안에 조성된
항만도시

남반구를 대표하는 도시 중 하나인 시드니는 오스트레일리아 개척의 역사를 함께해왔다. 이주민이 만든 이 아름다운 항만은 19세기 이후 태평양에서 대영제국의 중요한 거점이 된다.

큰 전쟁과는 관계가 없었을 것 같은 시드니지만 유일하게 이 도시를 직접 공격한 나라가 있었는데, 그 나라와의 싸움은 오스트레일리아가 완전한 독립을 결심하게 하는 계기가 되었다.

현재 국가	오스트레일리아연방
인 구	약 486만 명(2019년 기준)

건국일이 된 첫 개척일

남반구에 위치한 오스트레일리아대륙에서 적도에 가까운 북부는 고온의 사바나기후, 내륙의 대부분은 사막기후다. 한편 시드니나 캔버라 같은 주요 도시가 있는 동남부는 생활하기 적합한 온대기후여서 가장 먼저 개척되었다.

오스트레일리아에는 약 5만~10만 년 전에 동남아시아에서 건너온 것으로 추정되는 원주민이 살고 있었다. 이들을 '에보리진'이라 부른다. 원주민은 지역에 따라 언어나 생활양식이 크게 다르다. 예를 들어 남동부에는 수렵생활을 하는 카밀라로이족이, 남부에는 채집생활을 주로 하는 디에리족 등이 있었다.

1640년대에 네덜란드 동인도회사의 직원인 아벨 타스만이 처음으로 오스트레일리아대륙의 남동부와 뉴질랜드를 탐험했다. 이후

1770년에 영국의 제임스 쿡(통칭 캡틴 쿡)이 본격적으로 뉴질랜드와 오스트레일리아를 조사하고 영국의 소유임을 선언했다.

한편, 고대 그리스인은 남방에 알려지지 않은 땅이 있다고 생각했고, 그 땅을 '테라 아우스트랄리스 인코그니타'라고 불렀다. 대항해시대의 유럽인은 당초 오스트레일리아대륙이 이에 해당한다고 생각했다. 그래서 이 대륙에 '아우스트랄리스'라는 어구를 영어식으로 발음한 '오스트레일리아'라는 이름을 붙였다.

처음에 영국은 이 남반구의 대륙에서 이렇다 할 가치를 발견하지 못했다. 하지만 1776년에 북미 식민지(미합중국)가 독립함에 따라 북미를 대신할 새로운 식민지 혹은 죄인의 유형지가 필요했고, 이에 오스트레일리아의 개척에 나섰다.

1788년 1월 26일, 아서 필립 해군 제독이 이끄는 최초의 개척단이 이 도시에 상륙했다. 이날은 '오스트레일리아 데이', 이른바 건국기념일에 해당한다. 필립 일행은 상륙지를 당시 영국 내무대신의 이름을 따서 '시드니'라고 지었다. 최초의 주민은 죄수들과 그 가족 751명, 군인들과 그 가족 252명 등이었다.

아서 필립

양모와 고래잡이로 맞은 번영

시드니의 지형적인 특징은 해안선이 상당히 복잡하고 구불구불한 리아스식 해안이라는 점이다. 이런 지형은 선착장을 만드는 데에는 유리하지만, 만 안쪽에서는 밀려오는 거친 파도를 피하기 어렵다.

시드니에서는 1810년대부터 본격적으로 도시건설이 시작되었다. 아울러 점차 양모 수출과 포경선, 화물선 출입의 거점으로 번성했다. 이 시기에 총독관저와 세인트제임스교회 등 많은 건물을 설계한 프란시스 그린웨이는 원래 공문서 위조죄로 유배형에 처해진 건축가였다. 하지만 초창기 시드니 발전에 기여한 업적을 인정받아 훗날 오스트레일리아 최초의 10달러 지폐에 초상이 실렸다.

1851년부터는 오스트레일리아 동남부에서 금광이 잇따라 발견되면서 골드러시로 인구가 급증했다. 시드니에는 노동자용 주택이 계속 건설되었고, 종래의 영국계 이외에 독일계, 이탈리아계, 그리스계, 유대계, 중국계 등으로 이주민의 인종과 민족이 다양하게 늘어났다. 하지만 20세기에는 백인 이주민들 사이에서 아시아계 이주민을 배척하는 백호주의가 확산되기도 했다.

1854년에는 유럽에서 발발한 크림전쟁이 빌미가 되어 태평양의 캄차카반도 근해에서 영국해군과 러시아해군이 충돌했다. 영국은 러시아 함대가 영국령인 오스트레일리아까지 침공할 가능성에 대비하기 위해, 감옥이 있던 핀치가트섬에 데니슨 요새와 포대를 설치했다. 다행히 러시아해군은 오지 않았지만 이곳은 훗날 2차 세계대전

데니슨 요새

때 일본군의 공격을 받게 되었다.

큰 충격을 안겨준 일본해군의 공격

19세기에 오스트레일리아의 양모 수출과 광공업이 계속 확대되었고, 1901년에는 각 주의 정부를 통합한 오스트레일리아연방이 결성되었다. 의회는 영국에 속했지만 내정의 자치권은 인정되었다. 이때 연방의 수도를 시드니로 할지 골드러시 이후 급성장한 멜버른으로 할지를 두고 논쟁이 벌어졌다. 최종적으로 두 도시의 중간에 신도시 '캔버라'를 건설하기로 결정했다.

하버브리지

1932년에 포트잭슨만의 남부와 북부로 나뉜 도심을 연결하는 하버브리지가 완공되었다. 이 다리는 길이 1149미터, 폭 49미터, 높이 134미터의 아치형 철교로 대형 선박이 다리 아래를 통과할 수 있도록 만들었다. 준공 당시에는 세계에서 가장 긴 다리였고, 2000년 시드니올림픽 때 마라톤 선수들이 이 위를 달리기도 했다.

20세기 중반까지 오스트레일리아는 싱가포르, 홍콩과 함께 대영제국의 태평양지역 주요거점이었다. 그렇기 때문에 2차 세계대전 중인 1942년에 일본군은 여러 차례에 걸쳐 오스트레일리아 북부의 다윈, 브룸 등을 공습했다.

또 같은 해 5월에 일본해군의
소형잠수함이 미국 해군도 이용
하는 시드니 연안을 습격해서 연
합군 함정을 격침시켰다. 처음으
로 이러한 직접적인 외국의 공격
을 받은 오스트레일리아 국민은
큰 충격을 받았다.

영국은 북아프리카에서 독일
군과 벌이는 전투에 협력을 요청
했지만, 오스트레일리아에서는

일본의 공격에 대비할 것을 경고하는 포스터

일본과의 전쟁에 집중하여 국토를 지켜야 한다는 여론이 높았다. 이
를 계기로 1942년에 오스트레일리아는 영국으로부터 완전한 입법
적 독립성을 획득하게 되었다.

인구증가로 문제가 된 지형의 난점

시드니는 흔히 현대적인 미국 도시와 19세기 유럽 도시의 중간 같은
분위기가 나는 곳이라고 한다. 맨 처음 항구가 만들어진 포트잭슨만
의 록스는 바위가 많은 곳이어서 붙여진 이름이다. 19세기 후반에
이 일대는 치안이 불안한 슬럼가였는데, 한때 전염병마저 유행하며

인구가 급감했다. 이후 록스 지역의 오래된 건물을 유지하고 거리를 보존하기 위한 시민들의 적극적인 노력이 이어졌다. 현재에는 개척 시대 초기부터의 역사가 고스란히 담긴 석조건물이나 창고를 이용한 카페와 레스토랑이 인기 있는 관광지가 되었다.

고층빌딩이 즐비한 오피스가의 중심에 있는 마틴 플레이스에는 판돌을 깐 보행자 전용 도로가 있어, 벤치에서 여유롭게 점심식사를 즐기는 사람이나 거리공연을 하는 사람들을 볼 수 있다.

2차 세계대전 후, 시드니에서는 중산계급의 증가에 따라 도심 밖의 풍부한 자연을 즐기는 레저문화가 확산되었다. 1960년대부터 시드니 동부의 본다이 비치는 서핑으로 큰 인기를 모으며 전 세계의 서퍼가 모이는 명소가 되었다.

1973년에는 독특한 외관으로 유명한 시드니오페라하우스가 완

시드니오페라하우스

현재의 시드니 중심 시가지 시드니가 위치한 대륙의 남동부는 지진이 적어 해안 가까이에 초고층빌딩이 많다.

공되었다. 전 세계를 대상으로 한 현상공모전에서 채택된 덴마크 건축가 예른 웃손의 도안으로, 직경 75미터의 구체를 분할한 곡면을 겹친 독특한 형상의 건물을 수작업으로 설계한 것이었다. 장장 14년의 공사기간을 들여 완공된 이 오페라하우스의 개장식에는 영국의 여왕 엘리자베스 2세도 참석했다.

시드니는 천연의 양항이지만, 인구가 증가하면서 포트잭슨만을 낀 도심이 남북으로 나뉘어 있다는 점이 문제가 되었다. 만의 남북을 잇는 하버브리지를 이용하는 자동차 교통량은 1980년대에 이미 시간당 1만 5000대를 넘어섰다. 이에 대한 보완책으로 해저터널을 만들어 1992년에는 시드니하버터널이 개통되었다.

　　오스트레일리아는 경제발전이 진행되며 아시아 국가들과의 관계가 밀접해졌다. 1970년대에는 이민법을 개정하여 공식적으로 백호주의를 철폐했다. 현재의 시드니는 백인이 많은 지역 외에 중국인, 베트남인, 에보리진(호주 원주민), 아랍인 또는 이슬람인이 많이 사는 지역 등이 다양하게 존재하는 국제적인 도시다.

28

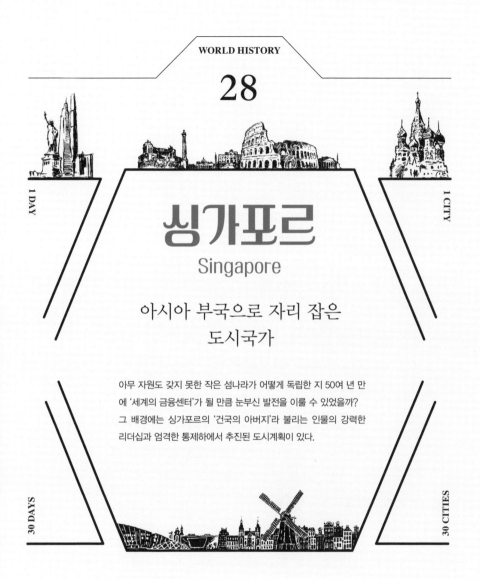

싱가포르

Singapore

아시아 부국으로 자리 잡은 도시국가

아무 자원도 갖지 못한 작은 섬나라가 어떻게 독립한 지 50여 년 만에 '세계의 금융센터'가 될 만큼 눈부신 발전을 이룰 수 있었을까? 그 배경에는 싱가포르의 '건국의 아버지'라 불리는 인물의 강력한 리더십과 엄격한 통제하에서 추진된 도시계획이 있다.

현재 국가	싱가포르공화국
인 구	약 564만 명(2019년 기준)

'바닷가 마을'에서 '사자의 도시'로

도시국가 싱가포르는 말레이반도의 남단과 폭 1킬로미터의 조호르 해협을 사이에 둔 작은 섬이다. 남북 23킬로미터, 동서 42킬로미터, 약 720제곱킬로미터 면적의 국토에 다양한 민족이 살고 있다.

1990년경 싱가포르의 국토는 약 625제곱킬로미터였는데, 연안지역의 간척사업을 진행하여 현재는 약 15퍼센트나 국토를 확대했다.

싱가포르는 앞으로도 2030년까지 간척사업을 추진할 계획이라고 한다. 그렇지만 간척에 필요한 토사는 주변 동남아시아 국가에서 들여오는 수입에 의존하기 때문에 수출국의 규제에 따라 문제가 생길 수도 있다.

이 도시는 토사뿐만 아니라 물도 수입에 의존하고 있다. 조호르

해협 건너편 이웃나라인 말레이시아와 연결된 도로와 수도관을 통해 물과 식재료를 공급받는다. 천연가스와 같은 에너지 역시 인도네시아와 연결된 파이프라인에 의존하고 있다.

싱가포르라고 하면 제일 먼저 떠오르는 것이 상반신이 사자, 하반신이 물고기인 신기한 생물을 형상화한 '머라이언'일 것이다. 1972년에 싱가포르 정부관광국은 이 가상 동물을 국가의 상징물로 정했다.

전설에 따르면, 11세기경 수마트라섬을 중심으로 번성한 해양국가 스리위자야왕국의 왕자가 항해 중에 이 섬을 방문했는데, 그때 사자가 나타나 이 땅에 대한 그의 지배를 인정했다고 한다. 그 이후 이 섬을 '싱가푸라(사자의 도시)'라고 부르게 되었다는 것이다.

머라이언

한편, 그 이전부터 말레이어로 '바닷가 마을'을 의미하는 '테마섹'이라는 호칭도 있었다. 이런 명칭을 살펴보면, 머라이언의 상반신은 사자의 도시인 싱가푸라를, 하반신은 바닷가 마을인 테마섹을 나타내고 있음을 알 수 있다.

자유무역항으로 성장한 도시

싱가포르는 영국의 식민지가 된 이후 급속히 발전했다. 원래 이 마름모꼴 섬의 남부에는 소수의 주민이 거주하고 있었지만, 북부에는 조호르해협을 지나는 배를 약탈하던 해적들의 거점이 있었다고 한다. 수마트라섬과 말레이반도를 지배하는 역대 왕조의 세력하에 있었지만, 싱가포르는 그저 작은 섬일 뿐이었다. 그런데 16세기 대항해시대를 기점으로 유럽국가들이 동서교역의 중계지로서 동남아시아 섬들을 확보하기 시작했고, 그때 싱가포르가 갑자기 주목받게 되었다.

최초로 싱가포르에 주목한 사람은 영국 동인도회사의 토머스 래플스다. 인도를 식민지화한 영국에 싱가포르는 지리적으로 인도와 동아시아를 잇는 교역거점으로 상당히 적합한 곳이었다. 그래서 래플스는 1819년에 당시 말레이반도 남단을 지배하던 조호르왕국과 교섭하여 상업활동을 위한 기지 설립 허가를 얻어냈다.

조호르왕국에 영향력을 행사하던 네덜란드는 이에 반대했지만,

토머스 래플스

1824년에 영국이 조호르왕국에 연간 1만 8000달러를 달러를 지불하는 조건으로 지배권을 인정받았다.

그 후 래플스는 싱가포르를 자유무역항으로 개방하고 관세를 받지 않았다. 이때부터 싱가포르는 동남아시아 무역의 중심지로 급부상했다. 불과 5년 만에 인구가 1만 명을 넘었고 20세기에 접어들 무렵에는 23만 명에 달했다.

중국계 화인정권의 탄생

중국에서 온 이주민들은 싱가포르 발전의 원동력이 되었다. 2018년 기준으로 싱가포르의 인구 비율은 중화계 76퍼센트, 말레이계 14퍼센트, 인도계 9퍼센트, 기타 1퍼센트다. 원래 말레이계가 많은 섬이었지만 중화계가 많아진 까닭은 영국 식민지 시대에 중국에서 일자리를 찾아 나선 노동자들이 대거 유입되었기 때문이다.

중국계 노동자는 항만에서 짐을 나르거나 중노동을 하는 일을 담당했다. 그중에는 말레이시아산 고무를 수출하는 등의 무역사업에 진출해서 막대한 이익을 올리는 사람도 있었다. 성공을 꿈꾸는

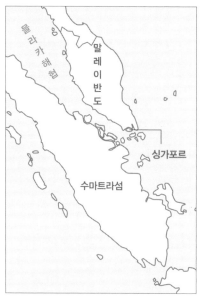

싱가포르의 위치 말라카해협의 출입구에 위치한 싱
가포르는 인도, 동아시아 교역거점을 찾던 영국의 식
민지가 되었다.

중국인에게 싱가포르는 기회의 땅이었다. 이곳에 이주해서 정착한 중화계 사람들은 '화인'이라 불렀다.

영국은 각 민족마다 거주지를 나누어 통치했다. 1941년 12월에 태평양전쟁이 시작되었고, 이듬해 2월에 일본이 싱가포르를 점령했다. 일본군은 동남아시아 통치를 위한 해군기지로 싱가포르를 활용했다. 중국에서 벌어지는 반일운동의 자금원인 중화계를 탄압하는 반면, 일본에 협력하는 말레이인과 인도인을 우대했다. 이 정책은 일본이 전쟁에서 패배한 1945년까지 계속되었다.

종전 후 싱가포르는 다시 영국령이 되었고, 1959년에는 자치권을 얻어 싱가포르 자치주가 되었다. 하지만 의회가 설립되고 점차 싱가포르의 독립을 요구하는 움직임이 활발해졌다. 이때 독립운동의 주역 또한 화인들이었다.

당시 화인 엘리트들은 크게 두 그룹, 즉 중국어로 교육받은 '화어파'와 영어로 교육받은 '영어파'로 나뉘었다. 1954년, 영국에서 공

부한 변호사인 영어파 리콴유가 중심
이 되어 화어파의 지지를 얻은 인민행
동당(PAP)을 결성했다. 그리고 인민행
동당은 1965년에 싱가포르가 말레이
시아로부터 분리 독립한 이후 지금까
지 줄곧 정권을 잡고 있다.

젊은 시절의 리콴유

환상의 싱가포르시와 독재정권

싱가포르는 도시국가이고 수도가 그대로 국토인 셈이다. 하지만 인
민행동당이 정권을 잡을 때까지는 싱가포르시도 존재했었다. 당시
싱가포르 시장인 옹엥관은 중화계의 공산주의자들로부터 굳건한 지
지를 받았지만, 접전 끝에 리콴유가 총리에 선출되었다. 이후 국토
가 좁다는 이유로 싱가포르시는 폐지되었다.

　1957년에 영국의 식민지였던 말레이반도 남부의 말라야연방이
독립하고, 1963년에는 말라야연방을 중심으로 말레이시아연방이
결성되었다. 그 일원인 싱가포르도 영국으로부터 독립했다.

　하지만 말레이시아는 말레이인 우대정책을 펴며 화인이 많은 싱
가포르와 대립했다. 게다가 경제적으로 풍요로운 싱가포르와 빈곤
한 말레이시아의 경제 격차가 문제가 되었다. 이렇듯 복합적인 배경
으로 인해 싱가포르는 영국으로부터 독립한 지 2년 만에 다시 말레

이시아연방에서 떨어져 나왔다.

1965년에 마흔한 살의 나이로 리콴유는 싱가포르공화국을 건국하고 초대 총리가 되어 독재적 체제를 강화해 나갔다. 인민행동당은 공산주의의 화인정당과 공동투쟁으로 정권을 획득했지만, 독립 후 리콴유는 비판세력뿐 아니라 공산주의세력까지 모두 배척했다. 제도상으로는 복수 정당이 인정되는 민주국가였지만, 리콴유는 인민행동당에 유리하도록 법률을 개정하여 야당 의석은 몇 석밖에 없는 실질적인 일당독재체제를 만들었다.

리콴유는 정치적 이데올로기보다 경제발전을 최우선으로 삼고 부국을 만드는 것만을 목표로 세웠다. 좁은 국토의 싱가포르의 경제적 안정과 독립을 유지하는 방법은 그것밖에 없다고 생각했기 때문이다.

리콴유는 싱가포르에 사는 민족 모두가 싱가포르인으로서 하나로 뭉칠 것을 요구하며, 모든 민족을 평등하게 대하는 방침을 찾고자 했다. 공용어도 말레이어, 중국어, 타밀어, 영어, 이렇게 네 가지로 정했다.

리콴유는 1990년에 총리에서 물러났고 2015년에 아흔한 살의 나이로 타계했다. 2대 총리 고촉통에 이어, 2004년 이후로는 리콴유의 장남 리셴룽이 총리를 역임하고 있다. 리셴룽은 아버지와 마찬가지로 정부 주도의 경제발전을 지향하지만, 민주화를 요구하는 목소리에도 귀를 기울이는 자세를 보이고 있다.

경제발전과 도시개발의 양립

현재의 싱가포르는 식민지 시대와 마찬가지로 동서교역의 주요 항구다. 상하이나 항저우 등 중국의 항구와 경쟁하며 싱가포르항은 세계 2위의 화물취급량을 자랑한다. 창이국제공항도 동남아시아의 대표적인 허브공항으로서 전 세계에 항로를 열고 있다.

리콴유는 세제 면에서 외국기업을 우대하는 등 적극적인 외자유치에 나섰다. 특히 증권회사와 같은 금융기관을 유치하여 싱가포르를 동남아시아 최대의 국제금융센터로 발전시켰다. 싱가포르 국내기업은 대부분 정부계 기업이고 국비로 해외유학을 한 엘리트들이 국가 정책에 따라 운영하고 있다.

협소한 국토로 인해 도시개발 또한 정부 주도로 이루어졌다. 고층아파트나 콘도미니엄을 건설하여 대다수 주민이 공동주택에서 살도록 했다. 오피스빌딩도 대부분 고층건물이고, 높이 제한선인 280미터급 초고층건물도 여섯 개가 있다. 2017년에 발표된 자료에 따르면 싱가포르의 인구밀도는 1제곱킬로미터당 8000명 정도다. 이런 수치를 보면 싱가포르 국민이 제한된 면적을 효율적으로 활용해서 생활하고 있음을 알 수 있다.

한편, 싱가포르에서는 녹지를 확보하기 위해 건축물당 녹지면적을 엄격히 규정하고 단독주택에 의무적으로 나무를 심도록 하고 있다. 환경을 지키기 위해, 쓰레기를 함부로 버리거나 껌을 뱉으면 매우 엄격한 벌칙을 부과하는 것으로도 유명하다. 지하철망을 정비하

말레이시아

말
레
이
시
아

조호르–
싱가포르 코즈웨이

말레이시아

말레이시아–싱가포르
세컨드링크

창이국제공항

킬랄강

싱가포르강

센턴웨이

주룽해협

싱가포르항

싱가포르해협

현재의 싱가포르 싱가포르 남부의 센턴웨이에는 금융기관이 많이 모여 있다.

여 전선을 지하에 매립한 것도 그런 노력의 일환이었다.

　이러한 통제정책이 효과를 발휘해 싱가포르는 경제적인 풍요를
실현하고 자연과 함께하는 근대적인 도시로 자리매김했다.

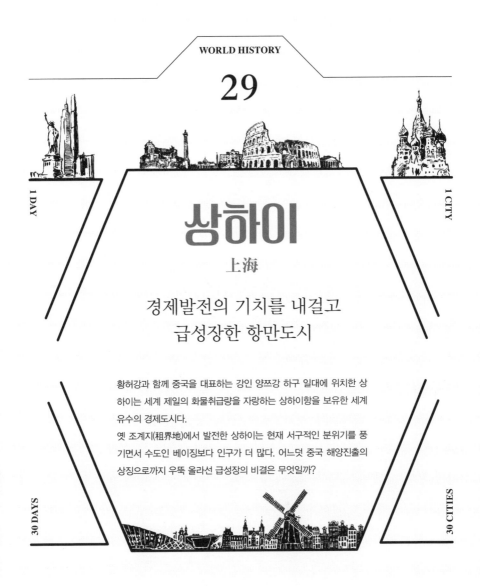

WORLD HISTORY

29

1 DAY

1 CITY

상하이
上海

경제발전의 기치를 내걸고
급성장한 항만도시

황허강과 함께 중국을 대표하는 강인 양쯔강 하구 일대에 위치한 상
하이는 세계 제일의 화물취급량을 자랑하는 상하이항을 보유한 세계
유수의 경제도시다.
옛 조계지(租界地)에서 발전한 상하이는 현재 서구적인 분위기를 풍
기면서 수도인 베이징보다 인구가 더 많다. 어느덧 중국 해양진출의
상징으로까지 우뚝 올라선 급성장의 비결은 무엇일까?

30 DAYS

30 CITIES

현재 국가	중화인민공화국
인　구	약 2632만 명(2019년 기준)

양쯔강의 작은 항구마을에서 4대 직할시로

중국 경제, 나아가 국제무역의 중심지인 상하이는 베이징, 톈진, 충칭과 나란히 중국정부의 직할지로서 성(省)과 대등한 대우를 받고 있다. 하지만 상하이가 도시로 발전한 것은 그리 오래된 일이 아니다.

역사상 '상하이'라는 지명이 처음으로 나타난 때는 당나라 시대, 즉 10세기경이다. 양쯔강과 외해가 접하는 하구의 남쪽을 '상하이포', 북쪽을 '샤하이포'라고 불렀다. 당시에 이곳은 아직 진흙과 습지로 둘러싸인 작은 어촌에 불과했다.

중국에 '남선북마'라는 말이 있듯이 옛날에는 산지가 많은 북쪽에서는 말이, 하천이 많은 남쪽에서는 배가 주요한 운송수단이었다. 12세기, 여진족의 금나라에 내몰린 송나라의 황족이 남쪽에서 남송을 세웠는데, 이때 상하이에 관청이 설치되었다. 상하이에는 양쯔강

상하이 전경

외에도 황푸강이 흐르기 때문에, 배를 타고 올라가면 쑤저우나 항저우 등 내륙의 주요도시와 왕래가 가능하다. 물론 외해로 빠져나가 외국과 교역이 가능하다는 점도 지리상 이점이었다. 상하이는 해적으로부터 마을을 지키기 위해 성을 쌓고, 샤하이포를 편입하여 항구도시로 성장했다.

19세기 청나라 시대에 아시아 진출을 꾀한 영국이 대량의 아편을 들여왔고, 이로 인해 중국의 많은 미술품과 은이 유출되었다. 1840년에 발발한 아편전쟁으로 인해 결국 중국은 문호를 열게 되었다. 상하이가 국제무대에 등장하게 된 것은 이 때문이었다.

중국 속에 존재하는 '외국'이 된 도시

상하이가 개항하자 우선 외국인 거류지인 조계가 설정되었다. 1845년에 상하이 현성(縣城)의 북측에 영국 조계가 만들어졌고, 황푸강 지류 너머로는 미국 조계가 들어섰다. 또 영국 조계와 상하이 현성 사이에 프랑스 조계가 자리 잡았다. 0.5제곱킬로미터 정도였던 조계는 순식간에 25제곱킬로미터로 확대되어 중국인이 사는 현성을 압도했다.

그 무렵의 조계는 아직 중국의 관리하에 있었다. 하지만 청나라의 국력이 약해지고 '태평천국의 난' 등 반란이 잇따라 일어나 난민이 밀려들자, 안전을 위한다는 명목으로 조계의 자치권이 대폭 확대되었다. 미국과 영국이 공동 조계를 만들어 독자적인 관청, 의회, 군대를 편성했다. 프랑스 조계 역시 자치권을 얻었고, 상하이 조계지역은 급속하게 '중국 속 서양'으로 탈바꿈했다.

현재 상하이의 와이탄에는 각국의 영사관이 있다. 난징루에는 대형 백화점이 즐비하고 외국 상품이 넘쳐난다. 트램이 운행되고 중국에서 처음으로 통신이 개통된 곳도 상하이다. 일본은 청나라와 맺은 최초의 조약인 청일수호조규에 따라 1871년부터 공동 조계에 자리 잡았다. 현재 훙커우 지역은 일본인이 많은 거리로 '작은 도쿄'라 불린다.

조계지로 들어온 중국인 대다수는 주로 항만 노동자 같은 빈곤층이었다. 하지만 그들 중에는 상하이마피아 '칭방'이 되어 재물을 모은

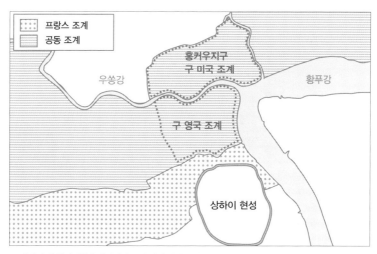

19세기의 상하이 현재 상하이의 중심 시가지에는 서구 열강의 조계지가 있었다.

사람도 있었다. 상하이마피아는 표면적으로 레스토랑이나 고급 클럽을 운영하면서, 실제로는 아편 밀수, 도박장 운영, 요정 경영 등에 손을 대고 있었다. 상하이는 당시 아시아의 근대적 도시로서 '동양의 파리'로 불렸지만, 그런 화려함 뒤로 마약, 매춘, 조직폭력 등 각종 범죄가 횡행했기 때문에 '마도(魔都)'라는 별칭으로 불리기도 했다.

중국 해양력의 거점으로

상하이의 조계 시대를 끝낸 것은 일본이었다. 청일전쟁에서 승리한 일본은 상하이에 대한 영향력을 강화하고 중화민국과 대립했다. 결국 1932년에 '1차 상하이사변'으로 군사충돌이 발생했다. 1937년에

중일전쟁

본격적으로 중일전쟁이 시작되자 일본은 상하이를 점령하여 아시아 진출의 교두보로 삼았다.

하지만 2차 세계대전에서 일본의 패색이 짙어지면서 점령군은 상하이에 더 이상 머물 수 없었다.

세계대전 후에는 중국공산당이 상하이를 통치했고, 영국이 홍콩으로 거점을 옮긴 것을 계기로 외국의 조계는 사라졌다. 1958년에 장쑤성 주변지역이 상하이시로 편입되자, 약 650제곱킬로미터 정도였던 상하이시의 면적이 단번에 열 배로 늘어났다. 그렇지만 대부분 농촌지역이었고, 그나마 발전한 곳은 옛날 조계지역뿐이었다.

마침내 1980년대 말 중국의 개혁·개방노선에 따라 상하이의 재개발이 이루어졌다. 이로 인해 상하이는 크게 변모하기 시작했다.

1989년, 톈안먼사건 이후 국가주석이 된 장쩌민은 상하이의 당서기 출신이었다. 베이징에 이렇다 할 인맥을 갖추지 못한 장쩌민은 자신의 상하이 시절 관계자를 주요 자리에 올려 상하이 파벌을 형성

했다. 이들은 상하이를 거점으로 적극적으로 해양진출을 추진하고
중국의 경제발전과 해양력 확대를 도모하고자 했다.

중국경제를 지탱하는 용의 머리

1992년, 중국정부는 황푸강 동쪽에 경제특구 푸둥신구를 신설하고
대규모 상업·공업지대를 조성했다. 2005년에는 해상의 섬들 사이를
메워 만든 항구 '양산선수이강'을 개항하고, 이곳과 푸둥신구를 둥
하이대교로 연결하였다. 이로써 상하이항은 세계에서 가장 많은 화
물을 취급하는 항구가 되었다.

　이와 동시에 금융, 전자, 정보기술 등을 중심으로 전 세계의 다

현재의 상하이　상하이는 양쯔강 하구를 비롯한 여러 지역에 항구를 건설했다.

양한 산업의 기업이 상하이에 진출했다. 지하철과 공항 등 교통 인프라도 빠르게 정비되었다. 2010년에는 상하이만국박람회가 열렸고, 높이 632미터의 상하이타워를 필두로 상하이세계금융센터 등 여러 초고층건물이 세워졌다. 이어 상하이디즈니랜드나 세계 최대 규모의 스타벅스 매장이 출점하는 등 상하이는 세계적인 대도시로 성장했다.

광대한 중국에서 보자면 전체 국토 면적의 2퍼센트에 불과하지만, 상하이는 이미 중국 GDP의 20퍼센트 이상을 창출하고 있다. 양쯔강을 거대한 용에 빗대 '용의 머리'라고 불렸던 상하이는 과거의 조계 시대 이상으로 발전하고 있다.

홍콩(香港)

중국화가 될수록 약해지는 존재감

옛날에 작은 항구마을이었던 홍콩은 향나무의 집적지여서 '홍콩'이라는 이름이 붙었다고 전해진다. 이곳은 아편전쟁 후에 영국의 식민지가 되었는데, 서양문화가 들어오면서 크게 발전했다. 정식 명칭은 중화인민공화국 홍콩특별행정구다.

2차 세계대전이 끝난 후에도 영국령이었기 때문에 영화와 음악 등 엔터테인먼트산업이 발전하고 독자적인 문화가 구축됐다.

현재 홍콩은 북쪽 해안을 형성하고 있는 주룽반도, 그 북쪽에서 중국 본토까지 길게 뻗어 있는 신지에, 항구의 남쪽에 위치한 홍콩섬, 홍콩국제공항이 위치한 란타우섬을 비롯한 250개가 넘는 외진 섬들로 구성되어 있다. 약 1000제곱킬로미터의 토지에 700만 명 이상이 사는 인구밀집지다. 1997년에 중국으로 반환되면서 동시에 '1국가 2제도'가 적용되어 50년간 고도의 자치를 인정받았다. 하지만 최근 홍콩정부의 친중정책에 대해 홍콩 시민이 반대운동을 펼치며 종종 충돌 양상을 보이기도 한다.

상하이의 발전과 함께 홍콩의 존재감은 약해졌지만, 여전히 세계적으로 경제·교역·관광의 명소로 유명한 도시임에는 변함이 없다.

인근 마카오 역시 1999년에 포르투갈로부터 반환되어 카지노와 화려한 리조트호텔 등 이국적인 매력을 즐길 수 있는 관광도시로 자리 잡았다.

1 DAY

1 CITY

두바이
Dubai

사막지대에 출현한
근미래 도시

두바이는 외자획득을 위한 경제특구를 설치하고 화려한 고급리조트로 전 세계 관광객을 끌어모으고 있다. 이 도시는 불과 수십 년 사이에 초고층빌딩이 빽빽한 최첨단 디자인도시로 급속히 탈바꿈했다. 사막지대가 많은 중동국가 대부분은 석유산업에 의존하고 있다. 그런데 두바이가 석유자원에 의존하지 않는 개혁을 추진한 이유는 무엇일까?

30 DAYS

30 CITIES

현재 국가	아랍에미리트연합국(UAE)
인　구	약 333만 명(2019년 기준)

UAE의 수도처럼 알려진 도시

중동의 최첨단도시 두바이라고 하면 주로 화려한 고층빌딩과 고급 리조트의 이미지를 떠올린다. 그런데 애초에 두바이는 국가 이름일까, 도시 이름일까? 사실 두바이는 국가이기도 하고 도시이기도 하다.

두바이는 아랍에미리트연합국을 구성하는 국가 중 하나다. 그리고 아랍에미리트연합국의 수도는 두바이가 아니라 아부다비다.

아랍에미리트연합국은 아부다비, 두바이, 샤르자, 아지만, 푸자이라, 움알카이와인, 라스알카이마 등 일곱 개의 토후국으로 이루어진 연방제 국가다. 국토 면적 중 약 80퍼센트가 아부다비, 약 10퍼센트가 두바이, 남은 다섯 토후국이 전부 합쳐 10퍼센트 정도다. 영토 면에서 너무 균형이 맞지 않는 것 같겠지만, 중동은 옛날부터 지역별로 다른 각각의 토후(세습 군주)가 다스렸다. 그래서 작은 세력의 토후국들은 서로 제휴하여 대국에 대항했다.

이렇게 토후국 연합이 탄생한 것이 1971년의 일이다. 가장 국토 면적이 넓고 석유산출량이 많은 아부다비의 군주가 대대로 이 아랍 토후국연합의 대통령을 역임하고 있다. 그리고 두 번째로 큰 두바이 군주가 부통령 겸 수상을 맡고 있다. 남은 다섯 토후국은 석유산출로 큰 이익을 올리는 아부다비로부터 지원을 받는 입장이다. 하지만 외교, 군사, 통화의 통일 등은 연합에서 결정하고, 각 토후국은 각자 폭넓은 자치권을 가지며 국경도 정해져 있다.

모든 토후국은 수도의 이름을 그대로 국명으로 삼았다. 하지만 아부다비를 제외하면 두바이도 일본의 이바라키현 정도의 면적일 뿐이므로 수도 이외에 다른 도시는 없다. 따라서 두바이는 국명이자 도시명이기도 하다.

40년 만에 세계의 최신 도시로

아랍에미리트연합국 북동부에 위치한 두바이는 남서쪽 아부다비, 북동쪽 샤르자와 접하고 있다. 서쪽은 페르시아만에 닿고 내륙부는 사막지대다. 원래 두바이의 중심지는 페르시아만으로 흘러드는 두바이 크릭(하천)의 양쪽 연안이었다.

두바이토후국은 1830년대에 성립했다. 아부다비의 군주 나흐얀 가문과 같은 바니야스족의 막툼 가문이 군주 자리를 둘러싼 분쟁을

두바이의 위치　대부분의 국토가 사막인 두바이는 페르시아만 연안지역을 중심으로 개발을 진행했다.

피하기 위해 일족을 데리고 이주해서 두바이를 건국했다.

　　당시 두바이는 천연 진주의 채취, 어업, 방목 정도의 산업만 유지하던 작은 마을이었다. 새로운 군주는 무역에 힘을 쏟아 항구도시로 발전할 것을 목표로 세웠다. 우선 영국과 평화협정을 체결하고 인도 항로의 주요한 항구로 자리 잡기 시작했다.

　　그러나 20세기에 일본인 미키모토 고키치가 진주 양식에 성공하자 두바이의 진주산업은 큰 타격을 입게 되었다.

　　1960년대에 두바이에서는 해저유전이 발견되었지만 매장량은 많지 않았다. 중동에서는 유전이 부의 상징이라고 할 수 있다. 석유가 산출되면 풍요로운 생활이 보장되지만 그렇지 않으면 빈곤할 수밖에 없다. 그래서 8대 두바이 군주(셰이크) 모하메드 빈 라시드 알

모하메드 빈 라시드 알막툼

막툼은 석유가 고갈되기 전에 석유수입을 도시개발에 투입하는 결단을 내렸다.

그는 싱가포르를 모델로 삼았다. 우선은 무역거점으로서 두바이 크릭 하구의 '라시드항'을 정비하고 확대하여, 강가에 두바이국제공항을 건설해서 하늘과 바다의 화물로를 연결했다. 또 공항 가까이에는 경제특구 '제벨알리프리존(JAFZA)'를 제정하여 외국자본과 기업의 진출을 적극 지원했다.

1971년, 아랍에미리트연합이 수립되자, 전 세계의 기업이 두바이에 진출했고 외국인 노동자도 증가했다. 1990년대부터는 IT기업이나 금융에 특화한 프리존도 확대했다.

경제위기를 극복하고 이룬 발전

두바이의 발전이 늘 탄탄대로를 달린 것만은 아니었다. 특히 2008년 미국에서 시작된 글로벌 금융위기 리먼사태의 영향으로 정부계 기업의 자금조달이 악화되면서, 이듬해 유럽계 금융기관이 철수하며 두바이쇼크를 안겨 심각한 타격을 입었다. 하지만 아부다비의 지

버즈 칼리파

원에 힘입어 두바이는 발전을 멈추지 않았다.

아부다비에 가까운 남서부지역은 사막밖에 없었지만, 그곳에 세계 최대의 인공항구인 '제벨알리항'을 신설해서 재개발에 박차를 가했다. 관광객을 끌어들이기 위해 상공에서 보면 야자나무 형태로 보이는 '팜 주메이라'와 '팜 아일랜드' 인공섬도 건설했다. 북동의 구시가지는 편도 6차선인 '셰이크 자이드로드'로 연결하여 양쪽에 거대한 쇼핑몰과 독특한 디자인의 초고층빌딩을 잇따라 건설했다.

그중에서도 대표적인 건물이 높이 828미터인 버즈 칼리파다. 버즈는 아라비아어로 '탑'을 의미한다. 원래 '버즈 두바이'라는 이름으로 건설하기 시작했지만 두바이쇼크로 아부다비의 지원을 받으면서 아부다비의 군주 칼리파 빈 자이드 알 나흐얀의 이름을 붙였다.

현재 두바이의 중심 시가지 두바이의 국제공항과 국제항구에는 전 세계에서 사람과 물자가 모여든다.

두바이

도시개발과 사막지대의 고충

두바이에서는 1000미터가 넘는 빌딩 건설을 계획 중이다. 세계지도를 본뜬 새로운 인공섬 '더 월드'는 섬 하나하나가 고급저택으로 만들어지는데, 전 세계의 자산가나 유명인이 관심을 보이며 구입에 나서고 있다.

물론 두바이에 부자들만 사는 것은 아니다. 순수한 두바이인은 인구의 10퍼센트 정도밖에 되지 않고 대부분 동남아시아나 다른 중동국가에서 온 노동자들이다. 외국인 노동자는 서비스업이나 육체노동에 종사하는데, 부유한 생활과는 거리가 멀다. 이들은 노동자캠프라고 불리는 공동 숙소에 살며, 대부분 남성 혼자 생활한다. 이슬람교의 계율 때문에 두바이에서는 대체로 관광객 이외의 여성은 찾아보기 어렵다.

아무튼 이러한 외국인 노동자들이 두바이의 발전과 도시개발을 뒷받침하고 있는 것은 틀림없다. 사막 위에 빌딩을 세우거나 인공섬을 만드는 것은 매우 힘든 일이다. 모래 위에서는 빌딩이 안정되지 않기 때문에 단단한 암반이 있는 지층까지 말뚝을 몇백 개나 박지 않으면 안 된다. 버즈 칼리파의 경우 굵기 1.5미터의 나무말뚝을 지하 50미터까지 192개나 박아 넣고 또 콘크리트로 기초를 튼튼하게 만들어 지반을 안정시켰다.

하얀 모래사장의 해변도 자연적으로 만들어진 것이 아니다. 바닷속에서 바위와 모래를 퍼 올려 바위를 쌓아올리고, 그 위에 모래

팜 주메이라(왼쪽)와 더 월드(오른쪽)

를 덮었다. 또 해변의 모래가 파도 때문에 쓸려가지 않도록 주위에 바위를 쌓고 바닷물을 담수화해서 공원을 조성했다.

땅속이나 바닷속과 같은 보이지 않는 부분에 대한 노력이 두바이의 아름다운 경관을 만들어낸다. 인공섬이라고 하면 왠지 삭막한 느낌이 들 것 같지만, 해변에 물고기가 서식하고 공원에 녹지가 느는 등 오히려 환경보호에도 효과를 보이고 있다.

오늘날 두바이에서 이와 같은 도시개발을 실현할 수 있는 것은 외국인 노동자들이 제공하는 노동력과 더불어, 강력한 권한을 가진 통치자의 철저한 준비성과 지도력이 있기 때문이다.

도판 출처 및 지도 참고문헌

도판 출처

15쪽   함무라비 법전비 | ⓒLuestling | WIKIPEDIA

19쪽   바빌론의 공중 정원 | Ferdinand Knab, 「Hanging Gardens of Babylon」, 1886 | WIKIPEDIA

21쪽   알렉산드로스 대왕 | ⓒThe Guardian | WIKIPEDIA

22쪽   이라크 우르의 지구라트 | ⓒBildagentur Zoonar GmbH | shutterstock.com

25쪽   가나안에서 돌아온 정탐꾼을 맞이하는 모세 | ⓒJ. Paul Getty Museum | WIKIPEDIA

28쪽   유대인 노예를 해방시키는 키루스 2세 | Johann Andreas Thelot, 「Cyrus Freeing the Jews from the Babylonian Captivity」, 17세기 후반 | WIKIPEDIA

31쪽   통곡의 벽 | Gustav Bauernfeind, 「The Wailing Wall」, 1887 | ⓒSotheby's | WIKIPEDIA

34쪽   예루살렘을 정복한 십자군 | Émile Signo, 「Taking of Jerusalem by the Crusaders」, 1847 | WIKIPEDIA

34쪽   1948년 1차 중동전쟁 당시 | ⓒDavid 1 | WIKIPEDIA

35쪽   다마스쿠스 문 | ⓒAleksandar Todorovic | WIKIPEDIA

36쪽 성스테파노문 | ⓒmtsyri | shutterstock.com

36쪽 다윗의 묘 | ⓒBerthold Werner | WIKIPEDIA

39쪽 아테네 통치를 두고 싸우는 포세이돈과 아테나 | Benvenuto Tisi, 「Poseidon and Athena battle for control of Athens」, 1512 | WIKIPEDIA

40쪽 현재의 파르테논 신전 | piqsels.com

42쪽 마라톤 전투 | John Steeple Davis, 「Scene of the Battle of Marathon」, 1900 | WIKIPEDIA

43쪽 복원된 트리에레스 | ⓒGeorge E. Koronaios | WIKIPEDIA

45쪽 고대 아고라 유적지 | ⓒAnastasios71 | shutterstock.com

46쪽 소크라테스 흉상 | ⓒEric Gaba | WIKIPEDIA

46쪽 플라톤 흉상 | ⓒDudva | WIKIPEDIA

47쪽 디오니소스 극장 | ⓒCrackerClips Stock Media | shutterstock.com

49쪽 카이로네이아 전투 | Edmund Ollier, 「Battle of Chaereonea」, 1882 | WIKIPEDIA

55쪽 무세이온에서 모신 아홉 명의 무사이 | ⓒPierre André | WIKIPEDIA

56쪽 파로스섬의 대등대를 묘사한 회화 | Johann Bernhard Fischer von Erlach, 「Pharos Alexandria」, 1721 | ⓒdenstoredanske.dk | WIKIPEDIA

58쪽 밀라노대성당에서 테오도시우스의 출입을 막는 암브로시우스 | Anthony van Dyck, 「St Ambrose barring Theodosius from Milan Cathedral」, 1619 | WIKIPEDIA

59쪽 아라비 파샤 | WIKIPEDIA

60쪽 신 알렉산드리아 도서관 | ⓒMoushira | WIKIPEDIA

64쪽 태양의 피라미드 | ⓒMariordo | WIKIPEDIA

64쪽 태양의 피라미드에서 바라본 달의 피라미드 | wallpaperflare.com

69쪽 세르비우스 성벽 | ⓒCortyn | shutterstock.com

71쪽 카이사르의 죽음 | Vincenzo Camuccini, 「La morte di Cesare」, 1804~1805 | ⓒRlbberlin | WIKIPEDIA

72쪽 콜로세움 내부 | ⓒkentaylordesign | shutterstock.com

77쪽 마르틴 루터 | Lucas Cranach, 「Portrait of Martin Luther」, 1528 | ⓒThe Bridgeman Art Library | WIKIPEDIA

158쪽 복원된 베이징 원인 흉상 | ⓒNetha Hussain | WIKIPEDIA

161쪽 쿠빌라이 칸 | Araniko, 「Post-mortem portrait of Kublai Khan」, 1294 | WIKIPEDIA

164쪽 자금성 | ⓒDrM4ng0 | WIKIPEDIA

167쪽 2차 아편전쟁 때의 팔리카오 전투 | Émile Bayard, 「Le pont de Pa-Li-Kiao」, 1860 | WIKIPEDIA

168쪽 1949년 중국인민해방군의 베이징 입성을 환영하는 행사가 열린 천안문 | WIKIPEDIA

169쪽 베이징 전경 | ⓒMr.sw | shutterstock.com

174쪽 플라카 풍경 | ⓒtee2tee | pixabay.com

180쪽 류리크 | WIKIPEDIA

182쪽 모스크바공국의 국기와 국장 | ⓒЛобачев Владимир | WIKIPEDIA

185쪽 크렘린과 우측에 보이는 우스펜스키 대성당 | peakpx.com

185쪽 성바실리대성당 | ⓒWeroarnau | WIKIPEDIA

187쪽 러시아 원정을 떠나는 나폴레옹 | Nicolas Toussaint Charlet, 「Épisode de la campagne de Russie」, 1836 | WIKIPEDIA

189쪽 블라디미르 레닌 | WIKIPEDIA

191쪽 모스크바대학 | ⓒDmitry A. Mottl | shutterstock.com

195쪽 이스마일 1세 | Cristofano dell'Altissimo, 「Portrait of Shah Ismail I of Persia」, 연도 미상 | WIKIPEDIA

196쪽 이맘 모스크 | ⓒmuratart | shutterstock.com

202쪽 성 마르코 유해의 피신 | Jacopo Tintoretto, 「St Mark's Body Brought to Venice」, 1562~1566 | WIKIPEDIA

204쪽 십자군의 콘스탄티노플 정복 | David Aubert, 「Conquest Of Constantinople By The Crusaders」, 15세기 | WIKIPEDIA

208쪽 베네치아 풍경 | ⓒApple Kullathida | shutterstock.com

214쪽 쿠트브 미나르와 철기둥 | ⓒBrian Holsclaw | flickr.com

216쪽 랄 칼라 | ⓒElena Ermakova | shutterstock.com

217쪽 자마 마스지드 | ⓒRichie Chan | shutterstock.com

218쪽 샤자한 | ⓒPayag | WIKIPEDIA

219쪽 아그라의 타지마할 | ⓒSebc'estbien | shutterstock.com

226쪽 현재의 페트로파블롭스크 요새 | ⓒGodot13 | WIKIPEDIA

227쪽 표트르 대제 | Paul Delaroche, 「Peter I the Great」, 1838 | WIKIPEDIA

229쪽 여름궁전 | ⓒNinara | WIKIPEDIA

229쪽 겨울궁전 | ⓒV_E | shutterstock.com

230쪽 청동기마상 | ⓒSkif-Kerch | WIKIPEDIA

231쪽 데카브리스트의 난 | Vasily Timm, 「Attaque du carré des décabristes par le régiment des gardes à cheval le 14 décembre 1825」, 1853 | WIKIPEDIA

233쪽 피의 일요일 사건 | ⓒVyacheslav Viskovsky | WIKIPEDIA

234쪽 레닌그라드 거리를 청소하는 시민들 | ⓒVsevolod Tarasevich | WIKIPEDIA

238쪽 파리시족이 사용한 금화 | WIKIPEDIA

241쪽 노트르담대성당 | ⓒViacheslav Lopatin | shutterstock.com

242쪽 파리대학 | ⓒMbzt | WIKIPEDIA

242쪽 루브르박물관 | ⓒNakNakNak | pixabay.com

243쪽 오를레앙전투에서의 잔다르크 | Eugène Lenepveu, 「Jeanne d'Arc au siège d'Orléan」, 1886~1890 | WIKIPEDIA

244쪽 흑사병이 창궐한 마르세유 | Michel Serre, 「Vue du Cours pendant la peste de 1720」, 1721 | WIKIPEDIA

245쪽 퐁네프 다리 | ⓒNeirfy | shutterstock.com

244쪽 보주광장 | ⓒlapas77 | shutterstock.com

247쪽 프랑스혁명 | ⓒEverett Historical | shutterstock.com

248쪽 파리 국립극장 | ⓒFunny Solution Studio | shutterstock.com

249쪽 나폴레옹 3세 | Franz Xaver Winterhalter, 「Portrait of Napoleon III」, 1855 | WIKIPEDIA

251쪽 1889년 촬영한 에펠탑 | WIKIPEDIA

257쪽 풍차 마을 | ⓒMalis | WIKIPEDIA

259쪽 네덜란드 동인도 회사 | WIKIPEDIA

260쪽 일본에 거주하는 네덜란드인을 묘사한 회화 | Kawahara Kei, 작품명 및 연도 미상 | WIKIPEDIA

262쪽 네덜란드왕실왕궁 | ⓒCmessier | WIKIPEDIA

267쪽   스테인드글라스에 묘사된 애셜스탠왕 | WIKIPEDIA

268쪽   웨스트민스터사원 | ⓒΣπάρτακος | WIKIPEDIA

270쪽   웨스트민스터궁전 | ⓒMike Gimelfarb | WIKIPEDIA

270쪽   버킹엄궁전 | ⓒDiliff | WIKIPEDIA

271쪽   런던 대화재 | 작가 미상, 「Great Fire London」, 1675 | WIKIPEDIA

273쪽   런던만국박람회가 열린 수정궁 | Louis Haghe, 「Queen Victoria opens the Great Exhibition」, 1851 | WIKIPEDIA

275쪽   1952년 당시 런던 | ⓒNT Stobbs | WIKIPEDIA

276쪽   브리튼전투 당시 런던 상공의 독일 폭격기 | WIKIPEDIA

281쪽   베일을 벗은 자유의 여신상 | Edward Moran, 「Statue of Liberty unveiled」,1886 | WIKIPEDIA

282쪽   월 스트리트 | ⓒFletcher6 | WIKIPEDIA

283쪽   올리버 크롬웰 | Samuel Cooper, 「Oliver Cromwell」, 1656 | WIKIPEDIA

284쪽   보스턴 차 사건 | Nathaniel Currier, 「The Destruction of Tea at Boston Harbor」, 1846 | WIKIPEDIA

286쪽   드위트 클린턴 | Rembrandt Peale, 「DeWitt Clinton」, 1823 | WIKIPEDIA

288쪽   맨해튼 전경 | ⓒCommunistSquared | WIKIPEDIA

293쪽   카를대제 | 작자 미상, 「Carolus Magnus」, 19세기 | WIKIPEDIA

294쪽   슈테판대성당 | ⓒcanadastock | shutterstock.com

295쪽   빈대학 | ⓒGryffindor | WIKIPEDIA

297쪽   1차 빈공방전 | 「Siege of Vienna in 1529」, 작가 및 연도 미상 | WIKIPEDIA

298쪽   쇤부른궁전 | ⓒcanadastock | shutterstock.com

299쪽   베토벤 | Joseph Karl Stieler, 「Portrait Beethovens mit der Partitur zur Missa Solemnis」, 1820 | wallpaperflare.com

300쪽   빈 국립 오페라극장 | ⓒTTstudio | shutterstock.com

302쪽   프로이트 | WIKIPEDIA

302쪽   비트겐슈타인 | WIKIPEDIA

304쪽   블타바강과 카를교 | ⓒDaLiu | shutterstock.com

310쪽   리오데자네이루 전경 | ⓒdmitry_islentev | shutterstock.com

310쪽   카니발 현장 | ⓒTerry George | WIKIPEDIA

315쪽   아서 필립 | Francis Wheatley, 「Arthur Phillip」, 1786 | WIKIPEDIA

317쪽   데니스 요새 | ⓒrorem | shutterstock.com

318쪽   하버브리지 | ⓒtotajla | shutterstock.com

319쪽   일본의 공격에 대비할 것을 경고하는 포스터 | ⓒNick Dowling | WIKIPEDIA

320쪽   시드니오페라하우스 | ⓒChen-Yang Huang | shutterstock.com

325쪽   머라이언 | ⓒfrankzhang0711 | pixabay.com

327쪽   토마스 래플스 | George Francis Joseph, 「Sir Thomas Stamford Bingley
         Raffles」, 1817 | WIKIPEDIA

329쪽   젊은 시절의 리콴유 | WIKIPEDIA

335쪽   상하이 전경 | ⓒLegolas1024 | WIKIPEDIA

338쪽   중일전쟁 | Mizuno Toshikata, 「鎮川地方ニ 五名ノ日本工兵 淸兵百余人ヲ撃
         退ク」, 1894 | WIKIPEDIA

345쪽   모하메드 빈 라시드 알막툼 | ⓒWorld Economic Forum | WIKIPEDIA

346쪽   버즈 칼리파 | ⓒDonaldytong | WIKIPEDIA

349쪽   팜 주메이라와 더 월드 | ⓒExpedition 22 | WIKIPEDIA

지도 참고문헌

44쪽   기원전 5세기경 아테네 | Robert Morkot, 『地図で読む世界の歴史 古代ギリシ
         ア』, 河出書房新社, 1998

54쪽   기원전 3세기경 알렉산드리아 | 野町啓, 『学術都市アレクサンドリア』, 講談社,
         2009

73쪽   1세기경 로마 시가지 | 河辺泰宏, 『図説 ローマー「永遠の都」都市と建築の2000
         年』, 河出書房新社, 2001

100쪽   웨이수이강 주변에 자리 잡은 도읍지 | 松浦友久·植木久行, 『長安·洛陽物語』(中
         国の都城), 集英社, 1987

102쪽   장안의 구조 | 松浦友久·植木久行, 『長安·洛陽物語』(中国の都城), 集英社, 1987

113쪽   8~12세기의 바그다드 시가지 | 三浦 徹, 『イスラームの都市世界 (世界史リブ
         レット)』, 山川出版社, 1997

136쪽 19세기 후반의 사마르칸트 신시가지 | 小松久男·宇山 智彦他『中央ユーラシア を知る事典』, 平凡社 2005

166쪽 베이징의 구조 | 倉沢進, 李国慶,『北京-皇都の歴史と空間』, 中央公論新社, 2007

198쪽 현재 이스파한의 중심 시가지 | 永田雄三·羽田正,『世界の歴史〈15〉成熟のイス ラーム社会』, 中央公論新社, 2008

296쪽 14세기의 빈 | 田口晃,『ウィーン―都市の近代』, 岩波新書, 2008

303쪽 현재 빈의 중심 시가지 | 田口晃,『ウィーン―都市の近代』, 岩波新書, 2008

세계 문명을 단숨에 독파하는 역사 이야기

30개 도시로 읽는 세계사

초판 1쇄 발행 2020년 7월 6일
초판 15쇄 발행 2024년 5월 22일

지은이 조 지무쇼
감수자 진노 마사후미
옮긴이 최미숙
펴낸이 김선식

경영총괄이사 김은영
콘텐츠사업본부장 임보윤
책임마케터 이고은, 양지환
콘텐츠개발8팀장 전두현 **콘텐츠개발8팀** 김상영, 김민경, 임지원
마케팅본부장 권장규 **마케팅2팀** 이고은, 배한진, 양지환 **채널2팀** 권오권
미디어홍보본부장 정명찬 **브랜드관리팀** 안지혜, 오수미, 김은지, 이소영
뉴미디어팀 김민정, 이지은, 홍수경, 서가을, 문윤정, 이예주
크리에이티브팀 임유나, 박지수, 변승주, 김화정, 장세진, 박장미, 박주현
지식교양팀 이수인, 염아라, 석찬미, 김혜원, 백지은
편집관리팀 조세현, 김호주, 백설희 **저작권팀** 한승빈, 이슬, 윤제희
재무관리팀 하미선, 윤이경, 김재경, 이보람, 임혜정
인사총무팀 강미숙, 지석배, 김혜진, 황종원
제작관리팀 이소현, 김소영, 김진경, 최완규, 이지우, 박예찬
물류관리팀 김형기, 김선민, 주정훈, 김선진, 한유현, 전태연, 양문현, 이민운

펴낸곳 다산북스 **출판등록** 2005년 12월 23일 제313-2005-00277호
주소 경기도 파주시 회동길 490
전화 02-702-1724 **팩스** 02-703-2219
이메일 dasanbooks@dasanbooks.com
홈페이지 www.dasanbooks.com **블로그** blog.naver.com/dasan_books
종이 신승INC **인쇄** 한영문화사 **코팅 및 후가공** 평창피엔지 **제본** 한영문화사

ISBN 979-11-306-3036-6 (03900)

다산북스(DASANBOOKS)는 독자 여러분의 책에 관한 아이디어와 원고 투고를 기쁜 마음으로 기다리고 있습니다.
책 출간을 원하는 아이디어가 있으신 분은 다산북스 홈페이지의 '원고 투고'란으로 간단한 개요와 취지, 연락처 등을 보내주세요.
머뭇거리지 말고 문을 두드리세요.